基督的憂傷

THE SADNESS OF CHRIST

湯瑪斯‧摩爾的最後靈修手記

St. THOMAS MORE 湯瑪斯‧摩爾——著　　顧華德——譯

Content

● 他來到門徒那裏，見他們睡着了。 061

● 就對伯多祿說：「西滿！你睡覺嗎？你不能醒寤一個時辰嗎？你們醒寤祈禱罷！免陷於誘惑。心神固然切願，但肉體卻軟弱。」 062

● 「你們醒寤祈禱罷！免陷於誘惑。心神固然切願，但肉體卻軟弱。」 064

● 他第二次再去祈禱說：「我父！如果這杯不能離去，非要我喝不可，就成就你的意願罷！」他又回來，見他們仍然睡着，因為他們的眼睛很是沉重，也不知道要回答他什麼。他再離開他們，俯首至地祈禱說：「我父！若是可能，就讓這杯離開我罷！但不要照我，而要照你所願意的。」 067

● 他說：「我父！如果這杯不能離去，非要我喝不可，就成就你的意願罷！」 068

● 把他們留在那裡後，他就離開他們，然後再跟前次一樣禱告，雙膝跪下祈求說：「父啊，若你願意，請從我面前撤去這杯，但不要成就我的意願而要成就你的意願。」 080

● 有一位天使，從天上顯現給他，加強他的力量。 082

● 他在極度恐慌中，祈禱越發懇切；他的汗如同血珠滴在地上。 084

● 他從祈禱中起來，到門徒那裡，看見他們都因憂悶睡著了，就給他們說：「你們怎麼睡覺呢？夠了！起來祈禱罷！免得陷於誘惑。時辰到了，看，人子就要被交付在罪人手中了。起來！我們去罷！看，那負賣我的已來近了。」 094

● 你們睡下去罷！休息罷！夠了！起來祈禱罷！免得陷於誘惑。時辰到了，看，人子就要被交付在罪人手中了。起來！我們去罷！看，那負賣我的已來近了。 104

●「起來祈禱罷！免得陷於誘惑。」 108

●耶穌還說話的時候，那十二人中之一的猶達斯，遂即到了，同他一起的，還有帶着刀劍棍棒的群眾，是由司祭長、經師和長老那裏派來的。 120

●猶達斯便領了一隊兵和由司祭及法利塞人派來的差役，帶着火把、燈籠與武器，來到那裏。他還在說話的時候，看！那十二人中之一的猶達斯來了；同他一起的，還有許多帶着刀劍棍棒的群眾，是由司祭長和民間的長老派來的。那出賣耶穌的給了他們一個暗號…… 126

●那出賣耶穌的給了他們一個暗號說：「我口親誰，誰就是，你們拿住他。」 131

●那出賣耶穌的人曾給他們一個暗號說：「我口親誰，誰就是；你們拿住他，小心帶去。」 133

●猶達斯一來到耶穌跟前，就說：「辣彼，你好！」就口親了他。耶穌卻對他說：「朋友，你來做的事就做罷！」「猶達斯，你用口親來負賣人子嗎？」 134

●耶穌既知道要臨到他身上的一切事，便上前去問他們說：「你們找誰？」他們答覆說：「納匝肋人耶穌。」他向他們說：「我就是」。出賣他的猶達斯也同他們站在一起。耶穌一對他們說了「我就是」，他們便倒退跌在地上。 142

●「你們找誰？」他們答覆說：「納匝肋人耶穌。」出賣他的猶達斯也同他們站在一起。耶穌一對他們說了「我就是」，他們便倒退跌在地上。 143

●於是他們站起身後，他又問他們說：「你們找誰？」他們說：「納匝肋人耶穌。」 147

第二部　論削瑪耳曷的耳朵、門徒離棄基督與捉拿基督

● 耶穌對伯多祿說：「父賜給我的杯，我豈能不喝嗎？」 165

● 「你想我不能要求我父，即刻給我調動十二軍以上的天使嗎？」 170

● 他說：「若這樣，怎能應驗經上所載應如此成就的事呢？」 172

● 耶穌對那些來到他跟前的司祭長，和聖殿警官並長老說：「你們拿着刀劍棍棒出來，好像對付強盜嗎？我天天同你們在聖殿裏的時候，你們沒有下手拿我；但現在是你們的時候，是黑暗的權勢！」 177

● 於是門徒都撇下他逃跑了，而留下他一人在那裡。 189

● 那時，有一個少年人，赤身披着一塊麻布，跟隨耶穌，人們抓住了他；但他撇下麻布，赤着身子逃走了。 191

● 那時，西滿伯多祿同另一個門徒跟着耶穌；那門徒是大司祭所認識的，便同耶穌一起進了大司祭的庭院，伯多祿卻站在門外；大司祭認識的那個門徒遂出來，對看門的侍女說了一聲，就領伯多祿進去。 193

● 門徒都撇下他逃跑了。那時，有一個少年人，赤身披著一塊麻布，跟隨耶穌。 194

● 於是兵隊、千夫長和猶太人的差役拘捕了耶穌，把他綑起來，先解送到亞納斯那裏，亞納斯是那一年當大司祭的蓋法的岳父。就是這個蓋法曾給猶太人出過主意：叫一個人替百姓死，是有利的。那時，司祭長和民間長老，都聚集在名叫蓋法的大司祭的庭院內。 205

專文推薦

對信仰和人生的最後省思

李純娟

記得二十年前有一部電影《良相佐國》（A Man for All Seasons），就是關於湯瑪斯．摩爾（Thomas More, 1478-1533）的生平故事。電影中描述他協助英國帝王的國政，深受帝王的依賴。湯瑪斯．摩爾擁有整合的人格和多元的生活領域，學有專精，集政治家、哲學家、神學家和文藝復興時期的人文主義者於一身。尤其在政治上他更是帝王的愛臣，然而弔詭的是，這也成了他的致命傷。

這是一本非常不平凡的書，是一個身陷監獄中等待死亡的人，對信仰和人生最後的省思。本書的另一特色是，這是一本尚未完成且無法完成的作品，如書中最後所述：「湯瑪斯．摩爾爵士沒有繼續寫下去，因為走筆至此，他遭到嚴密看管，所有書籍、筆、墨與紙張都被沒收，不久之後他就遭到處決。」

讀者在翻閱本書之前，請先輕輕地閉上眼睛，深呼吸，花一點時間與自己自然的呼吸相處。然後，想像自己就是身陷監獄中的人，或是困在安寧病房中等待死亡來臨的患者。再然後，帶著這樣的心境和持續維持這樣的意識和覺悟，開始讀這本書，直到念完。如此你將浸在一個高尚人格、聖潔靈魂的磁場內並汲取其中的能量，獲得湯瑪斯．摩爾的祝福和加持（empowerment）。

湯瑪斯．摩爾由於自身那整合的人格特質和多元的生活領域，使他的作品字裡行間流露著合情合理的自然氣息，既沒有邏輯的強辯也沒有膚淺的濫情，是理性、感性兼具的親切教導和與神的對話。

面對自己的死亡，冷靜地與自己的恐懼相處，他之所以能如此處理「等待」的「煎熬」，是因為他把「等待」的時間用在與一位比自己更高超偉大的靈魂「耶穌」對話。如此一來，雖然時、空上是一種「等待」，但他卻沒有受到「煎熬」的侵襲。他能夠仔仔細細地默思咀嚼耶穌所經歷的被出賣、憂傷，和在橄欖山祈禱時，對跟隨在身邊的親信弟子們的無法感同身受而深感無奈。

在這本手記中，處處可嗅到一股在膽怯中不逃避的志節骨氣。聽到一陣陣閑觀靜悟的輕風。耶穌教導他，面對生死關頭，恐懼、焦慮、憂傷等情緒是人類自然之常情。他認為恐懼死亡與折磨 並不是「恥辱」，不該指責或自責，不去否定，「指責」是一種自鳴清高的傲慢，「否定」只會導致臨陣逃脫的喪失志節骨氣。

關於祈禱，他要求自己操練調身、治心和養性的功夫，他說，「外在的行為與樣貌就是內心的明鏡或形象，眼睛、臉頰、眼瞼、眉毛、雙手、雙腳乃至整個身體的儀態，都能反出內心的狂野荒誕。」（p.11）又說，「在祈禱之前要先以敬虔的默想為心靈作準備，以敬畏的姿態為身體作準備。」（p.12）

整本手記雖是中世紀的作品，讀起來感覺又好像是一位現代心理治療師，在耶穌和弟子間的互動和對談中，抽絲剝繭地探究不同狀況下的憂傷、恐懼、鬆懈、懶散等情緒。針對不同情緒的色澤質地有相當細膩的鑑定。

作者對聖經文學的認知深厚，尤其對〈若望福音〉有深叡的默觀，〈若望福音〉18章1節記載，耶穌先經過「克德龍溪」到對岸的一個園子「革則瑪尼」。他認為若望特別提出「克德龍溪」這條溪名必有其意涵。他點出希伯來文「克德龍」的意思是「憂愁或悲痛」，「革則瑪尼」則是「肥沃富饒」的山谷，他認為這兩個地名「隱藏著極深的秘密」（p.3）。讀者可跟著湯瑪斯．摩爾進入更寬廣深邃的認知和境界。

（本文作者為聖功修女會靈修輔導）

專文推薦

堅持真理、追求公義都需要勇氣

劉振忠

湯瑪斯．摩爾是十六世紀一位才華橫溢的學者，一生堅持遵從聖經教導與教會訓導，本是英王亨利八世器重的大臣，卻因對英王離婚再婚的見解產生分歧，而遭受殺害。他曾擔任許多重要官職，地位也日漸攀升，但對於自己的名譽和頭銜並沒有把持不放，而是讓真理之光凌駕於一切之上：「你們的話當是：是就說是，非就說非；其他多餘的便是出於邪惡。」（瑪竇福音5章37節）

湯瑪斯．摩爾不願看見基督宗教教義被人心的貪婪、私慾而扭曲，極富理性又有正義感的他，在內心良知的引導下，不願盲目地服從國王無理的要求，拒絕簽字並辭去了官職，因為他知道真正的君王是在天上而非在地上，絕不屈服於腐敗國王的淫威而堅持真理原則，誠如聖經載：「人縱然賺得了全世界，卻賠上了自己的靈魂，為他有什麼益處？」（瑪竇福音16章26節）以堅定的信念走進大牢。

被囚禁的湯瑪斯・摩爾，在獄中默想基督受難前夕，面對即將到來的死亡，所經歷的恐懼憂愁，甚至要求天父免除這場大難，但最後基督還是以順服的心戰勝憂苦的靈。同樣，湯瑪斯・摩爾也效仿耶穌的精神，在死亡當前，卻不因人性的軟弱而有所退縮，因為他知道忍受短暫痛苦，就能進入永恆的光榮，何樂而不為？他深信聖經的話：「你們不要怕那殺害肉身，而不能殺害靈魂的；但更要害怕那能使靈魂和肉身陷於地獄中的。」（瑪竇福音10章28節）可見靈魂的純潔遠比那會腐朽的身軀更為可貴。

這本靈修手記，是湯瑪斯・摩爾留給世人的最後一份禮物，翻開書頁，你將會發現箇中的寶貴之處，願他持守真理、追求公義的堅強、勇敢與忍耐，成為世人的典範。

（本文作者為天主教高雄教區主教）

導讀

經過克德龍溪的心靈之旅：《基督的憂傷》閱讀心得

周樑楷

今年春節期間，到義大利的幾個城鎮走了一趟。回國後原以為旅遊就此結束了，沒想到我的思緒因湯瑪斯・摩爾（Thomas More, 1433-1535）的一本遺作，立刻又折返歐洲，而且走向更遙遠的英國，深入更奧妙的宗教與生死問題。

義大利有豐富的歷史古蹟和藝術瑰寶，而且兩者之間，往往以宗教信仰為連結。雖然距離上回已經有二十多年了，但是此行還是充滿歡喜，重遊梵蒂岡的聖伯多祿大教堂、佛羅倫斯的聖瑪麗百花大教堂、浸洗教堂等景點。

不過，更讓人開心的是，這回終於如願以償，得以順利進入西斯汀聖堂（Sistine Chapel），找到最佳的定點，透過米開蘭基羅（Michelangello, 1435-

1564）的彩繪，一目了然從「創世紀」、「天主創造亞當」，到「最後審判」。另外，也再度佇立在「聖母慟子雕像」（Pieta）前，沉思這尊坐落在聖伯多祿教堂正門內側的大理石作品，為何二十多年前曾經讓我在還來不及準備、第一眼看見時，就感動落淚。我把這些圖像在腦海裡剪接串聯在一起，其實這就是一部基督宗教的神意史觀，從世界的起點、中繼焦點到終點。

除了對米開蘭基羅的宗教藝術增添了一些領悟，此行令人最感動、印象深刻的，莫過於在亞西西（Assisi）的那段時刻。在教堂裡，可以近距離欣賞喬托（Giotto, 1266-1337）的濕壁畫。初期的透視法，簡單樸拙而又虔誠，一格接著一格的圖像，直指聖法蘭西斯（St. Francis, 1182-1226）終身靈修的心路歷程。

剛回到家裡的時候，其實我的心還駐留在亞西西，想念著聖法蘭西斯。然而當打開電子信箱，得知出版社邀我為《基督的憂傷》寫篇導讀的時候，開始有了轉折。由於一向喜歡摩爾，也曾經撰文討論過他的《烏托邦》（*Utopia*），所以很短時間內就答應下來。不過，在閱讀《基督的憂傷》的中譯書稿時，一

方面被摩爾在等待行刑前的心境所吸引和感動，另方面卻又有點後悔，怪自己回覆得太早、太草率了。在台灣，有許多人，尤其是宗教界，其實比我更有資格為這本書撰寫導讀。幾經思量，只好勉強寫篇閱讀心得。

就歐洲史來講，摩爾所處的時代，正是文藝復興時代（Renaissance）的後期，也是歐洲前現代（Early Modern）的初期。米開蘭基羅只比摩爾早出生兩年而已。他們和馬基維利（Niccolo Machiavelli, 1469-1527）、達文西（Leonardo da Vinci, 1452-1519）、伊拉斯莫斯（Erasmus, 1466-1536）、馬丁路德（Martin Luther, 1482-1546）、喀爾文（John Calvin, 1509-1564）等人文學者或宗教改革者，都同屬於這個時代，而且也一起分享某些新思潮。

摩爾於一五一六年出版《烏托邦》，隔年一五一七年路德掀起宗教改革的先聲；再不久，一五一九年麥哲倫（Ferdinand Magellan, 1480-1521）啟航繞行地球。在新的人生觀和世界觀的衝擊下，儘管一向虔誠敬神的摩爾，在憧憬那既「美好的地方」卻又「不存在的地方」時，難免也要轉化中古時代的理想，將末世論變成現世論，把原來所嚮往的，從「時間上遙遠的未來」，換成「空間上遠處地球上的某個島嶼」。

摩爾的《烏托邦》之所以成為名著，五百年來值得反覆閱讀，正因為這本書滿足了近代西方文明興起中人們的集體意識。這就如同佛羅倫斯米開蘭基羅所雕刻的「大衛像」（the David）一樣。只要找到最適當的角度，人們便能領會，大衛如何眼神專注，起式轉身，準備迎戰巨人。這尊雕像不僅直接描寫舊約時代的大衛憑什麼擊敗巨人，同時也象徵了五百年來西方憑什麼領先世界。《烏托邦》和「大衛像」在歷史的脈絡中，顯然有異曲同工之妙！

不過十六世紀的歐洲，整體社會快速變遷，處處充滿矛盾和對立。僅就英國來說，在都鐸王朝（Tudor Dynasty, 1485-1603）時代，原來的封建社會已經顯著轉型，成為前現代的國家。國王、貴族、教士、士紳及新興中產階級，彼此之間合縱連橫，權力傾軋。

同時法律體制內，固有的封建法、教會法和由國會新訂的成文法也相互扞

格。正義歸屬全憑本事，莫衷一是。摩爾出生自法學世家，年輕時曾在牛津大學攻讀法律，一五〇一年成為正式律師。亨利八世（Henry VIII）在位期間（1509-47），他歷任國家要職：一五二三年被選為下議院議長，一五二九年被任命為內閣大臣。摩爾如此位居高官人臣，顯要一時，自然而然捲入政治的漩渦，最後釀成悲劇。

亨利八世為了期盼有位男嗣能繼承王位，於一五二七年首度表達有意與來自西班牙亞拉岡的凱薩琳（Katherine of Aragon）離婚。這件事不僅牽連西班牙和神聖羅馬帝國之間的國際現實問題，而且在法律體制內，也和依照《聖經》為本的教會法互不相容。

亨利八世和當朝權臣克倫威爾（Thomas Cromwell）操弄立法，促成國會於一五三三年通過《上訴法案》（Act of Appeals），使得教會的司法權從此淪落，遭受國王控制，而且這個法案還強調英國的主權得以拒絕任何外國司法權的干涉。緊接著，於一五三四年又通過《繼承法》（Act of Succession）。依此法案，亨利八世要求全國每個人「宣誓」，承認他與凱薩琳的婚姻無效以及他與安妮（Anne Boleyn）的婚姻合法。

面對這種惡劣的情勢，摩爾早在一五三二年就先辭去內閣大臣之職，但後來於一五三五年拒絕依《繼承法》「宣誓」。所以就在這一年，摩爾先被囚禁在倫敦塔（Tower of London）內，接著於七月間慘遭刀斧之禍。可見，摩爾為了堅持聖經的教義以及教會法，抗逆王權在握的亨利八世。在從前撰寫的那篇文章裡，我曾經借用王國維「壯美」之說，以「激進壯美」形容摩爾的慷慨就義。所謂「壯美」，是指：

> 若其物直接不利於吾人之意志；而意志為之破裂，唯由知識冥想其理念者，謂之曰壯美之感情。

當摩爾被囚禁、等待服刑前，他怎樣「唯由知識冥想其理念」呢？坦白講，從前我只能揣摩、想像他的生命意識。然而，在展開本書，逐頁閱讀內容的時候，我逐步具體地深入摩爾的情思。他將心比心，選擇「耶穌受難史」這

段情節，綜合新約的四篇福音，從「最後晚餐」之後開始省思耶穌一言一行的內在意涵。在三位一體之中，此時的耶穌寧可選擇天父之子、具有人性的身分，以便顯示他如同一般常人，在面臨迫害及死亡來臨之前，也有疲憊、恐懼和憂傷的時候。摩爾詮釋說：

他（指耶穌）的意思不是要他們在面對死亡時無論如何都不可退縮，而是不應該因為膽怯而逃避肉體的死亡，乃至於捨棄信仰。

又說：

他沒有因為憂愁、恐懼或者疲憊而怯於遵行天父的旨意。

接著，下一格場景，摩爾特別描繪耶穌「經過克德龍溪後，進入一個叫做革責瑪尼的園子」。摩爾首先訓詁字義，指出這條溪流經過耶路撒冷和橄欖山之間。在希伯來文裡，「克德龍」（Kidron）意謂憂愁或悲痛，而「革責瑪尼」（Gideon）的意思就是肥沃富饒的山谷，也被稱為橄欖谷。摩爾從這段地景和地名，說明了「經過克德龍溪」的隱喻：

正如我說過，我們一定要先經過這個名為克德龍的山谷與河流，也就是那憂愁的山谷與悲痛的河流，讓河水洗刷以及清淨我們滿身腥臭漆黑的罪污。

換句話說，「經過克德龍溪」，好比人生歷經一場試煉，而後終於從苦難幽暗中突圍，並且躍昇，朝向平和光明。

在福音裡記載，耶穌「經過克德龍溪後」，進入「山園祈禱」。在這一格圖像中，摩爾強調，耶穌沒有忘記祈禱，相反地，他「親自向我們示範」什麼才是「最謙卑順服的祈禱」。為此，摩爾反覆解釋，一再說明祈禱的意義和應有的態度。

摩爾在監獄中的日子，顯然天天邊讀福音、邊記載心得。我們可以推想，連他自己也不知道這種日子能維持多久，他更不知道自己追隨耶穌「經過克德龍溪」的腳步能走到哪個段落。如果將《基督的憂傷》作為史料看待，可以證實當摩爾寫到猶達斯（猶大）帶領羅馬士兵等一干人到耶穌面前、伯多祿以短

刀割下士兵的一隻耳朵時，摩爾在獄中的書寫工具和文稿就全部被沒收了，從此也被迫停筆。

摩爾來不及寫到「耶穌受難及復活」的時刻，許多讀者一定為此扼腕嘆惜。儘管我有此同感，但也只好放下手中的《基督的憂愁》，轉移陣地，到電影院觀賞期待已久的《沉默》。這部影片刻畫日本教難中，基督徒面臨死亡與信仰之間的種種心境。真實故事發生的時間距離摩爾受難大約在一百年之後。讀過了《基督的憂愁》，應該不難理解《沉默》裡的教徒為什麼也前仆後繼「經過克德龍溪」。

走筆到此，覺得應該可以休息了。數一數日期，這一趟春節以來的心靈之旅，前後總共有三十天。

（本文作者為中興大學歷史系教授）

第一部

基督被拿住之前的憂愁、疲憊、恐懼與祈禱，以〈瑪竇福音〉〈馬太福音〉二十六章、〈馬爾谷福音〉〈馬可福音〉十三章、〈路加福音〉二十二章，以及〈若望福音〉〈約翰福音〉十八章的記載為根據。

耶穌說完這些話，他們唱了聖詠，就出來往橄欖山去。1

儘管基督在晚餐席上與門徒熱烈地討論信仰，他在用餐結束離開前，仍沒有忘記向天主獻上感恩。唉！我們跟基督相去何其遠，我們背負著基督徒的名號，但餐桌上許多話語不但空洞浮誇（然而，基督已警告過我們，我們將來要為所說的每句話負責）又很尖酸刻薄；末了，我們在酒足飯飽後，就毫不客氣地各自散去，而忘記向那賜下這一切，讓我們肚腹飽足、精神飽滿的天主獻上感恩。

知書達禮又熟知聖事的布哥斯的保祿（保羅）[2]在深思熟慮後表示，基督當時與門徒所作的謝飯祈禱，就是希伯來人所謂的「阿肋路亞頌」（哈利路亞頌，the great Alleluia）——也就是〈聖詠集〉（詩篇）一一二篇以及其後五首聖詠。根據古老的習俗而被稱為阿肋路亞頌的這六首聖詠，不但被人們當作復活節與其他重要節慶的感恩禱詞，直到今日，同樣的感恩禱詞也經常被用於這些節慶之中。

然而，以往不論飯前飯後的感恩祈禱都要視情況引用合宜聖詠的習慣，幾乎每個人都已將之拋在腦後，而用乍現腦海的話語敷衍一番就草草結束，然後匆匆散去。

他們就往橄欖山走去。

祈禱之後，他們繼續往前行進，而不是回家上床休息。先知說：「我半夜起身讚美你。」[3] 然而，基督未曾躺臥在他的床上。但我們至少應能真心地對

1 編注：書中以此形式引述的經文，部分為作者融合四部福音書的敘述而成。另，書中出現的聖經名詞，在每部首次出現時，以天主教／基督新教通用譯名對照的方式呈現，以便教友閱讀。

2 他是改信天主的猶太人，後來成為阿奎萊亞（Aquileia）的牧首，歿於一四三五年。

3 聖詠（詩篇）119章62節。

天主表示：「良善的主啊，我在床上思念著你。」

基督在晚餐後前往山上時，並不是在夏季。因為當時正值春季剛結束，晝夜同長的時節。那是個寒冷的夜晚，僕人都聚集在大司祭（祭司長）庭院的爐火邊取暖。這不是他第一次這麼做，因為福音書作者已明確表示：「按照他的習慣。」他走到山上祈禱，是希望我們能夠明白，在祈禱時，一定要將心向上舉起，遠離世上各種塵囂，好讓我們的心思完全以天主和敬虔之事為念。

這座遍布橄欖樹的橄欖山帶有神秘的色彩。橄欖枝通常被視為和平的象徵，基督降世就是要使得長久以來相互敵對的天主與人類彼此和好。

此外，橄欖樹出產的油也象徵著聖神（聖靈）的恩典，基督回到天父那裡後就差派聖神到他門徒那裡去：用意就是要藉著聖神的恩典，使他們不久後就能明白他在世時他們無法完全理解的事情。

經過克德龍溪後，進入一個叫做革責瑪尼的園子。

這條克德龍溪（汲淪溪）流經耶路撒冷城與橄欖山之間。「克德龍」在希伯來文裡面的意思是憂愁或者悲痛。「革責瑪尼」（客西馬尼）的意思就是非常肥沃又富饒的山谷，也被稱為橄欖谷。

因此，我們有充分理由相信天主在這些地名後面隱藏著極深的秘密，福音書作者用心良苦地詳細記錄這些地名，就是要讓未來敬虔又勤奮的信徒能夠在聖神幫助下，瞭解其中深意，若非如此，他們只要表示他前往橄欖山就夠了。

既然我們認為宗徒（使徒）在聖神默示下所寫出的聖經沒有任何冗言贅語，而且連麻雀的生命都在天主的眷顧下，[4] 那我不得不相信福音書作者會提到這些地名，以及希伯來人會以此名稱呼它們（不論他們當初這樣稱呼的用意

4 瑪竇（馬太）福音10章29節。

為何）的原因就是，天主的聖神在暗中運作（那些人並不知情），使得這些名稱裡面隱藏著極大的奧秘，而且終將揭露於世。

既然克德龍也帶有憂愁與悲痛的意思，而且它不但是福音書作者提到的那條河的名稱，也是那條河流經的介於耶路撒冷與革責瑪尼之間山谷的名稱，這些地名也就在提醒我們，只要我們還存活在世上（與宗徒一樣），猶如遠離我們的主的異鄉人，[5] 我們就必須越過富饒的橄欖山以及宜人的革責瑪尼（它不是一個殘破污穢的村落，而是充滿各種樂趣的村落），正如我說過，我們一定要先經過這個名為克德龍的山谷與河流，也就是那憂愁的山谷與悲痛的河流，讓河水洗刷以及清淨我們滿身腥臭漆黑的罪污。

但我們若為了逃避悲傷與痛苦而往反向走，把這個原本充滿痛苦與懊悔的世界，視為充滿歡笑喜悅的地方，而成為我們的樂園，那麼我們會把自己永遠隔離在真正的樂土之外，並終將溺斃在徒然的悲傷與憂愁裡面，甚至進一步帶領自己陷溺在難耐與無止境的敗壞之中。克德龍和革責瑪尼這兩個地名的寓意巧妙地把這個教訓深印在我們腦海中。

然而，聖經的話語不只具有單一意義，而是充滿了許多奧秘。這些地名恰如其分地成為基督受難的前奏，彷彿就是為了這個目的，天主從起初就選定它們要被冠上這些名稱，與基督在多年之後成就的一切相呼應，藉此表明它們彷彿在古早之前就已經被選定為他所受極大苦難的見證。既然克德龍的意思就是陰鬱幽暗，豈不正符合先知所說，基督在前往他榮耀國度的路上，要遭屈辱而死，因鞭打而身形扭曲，流血，惡意的唾面以及其他種種凌虐，正如經上所寫：「他沒有俊美，也沒有華麗。」[6]他越過的那條河之所以會是憂愁與悲痛的象徵並非偶然，他自己就曾明確地表示：「我的心靈憂悶得要死。」[7]

5 格林多（哥林多）後書5章6節。
6 依撒意亞（以賽亞書）53章2節。
7 瑪竇福音26章38節。

他的門徒與他同往。

這指的就是當時僅餘十一個依舊留在他身邊的門徒。至於第十二個門徒，他在吃下蘸餅後魔鬼就進入他心裡，接著便離開了這群門徒，此時他已不再像主的門徒一樣服事自己的主，反而成為一個處心積慮要毀滅他的叛徒。這正印證基督的話確實無誤：「不隨同我的，就是反對我。」[8] 因為那人確實與基督為敵，當其餘門徒都跟隨他要與他一起禱告時，那人卻在那個最特別的時刻狡詐地謀害他的命。

因此，我們要跟隨著基督，並與他一起禱告呼求他的父。既然我們已經因他恩慈的良善蒙拯救，並與他一起盡情吃喝，我們就不可像猶達斯（猶大）一樣從他身旁溜走，以免下面這段先知的話語應驗在我們身上：「你遇見了盜賊，便與他同僚，與犯姦淫的人，就同流合夥。」[9]

> 那背叛他的猶達斯清楚知道地點，因為耶穌經常與門徒上那裡去。

福音書作者在提到這個叛徒時，再次藉機教導我們並讚揚基督美好的習慣，那就是經常與他的門徒一起祈禱。因為如果他不是通常會在夜裡前往同一個地點，而只是偶爾為之，那麼這叛徒就不會那麼有把握能在那裡找到我們的主，所以他才膽敢帶領大司祭的僕役和一群羅馬士兵到那裡去，而不至於撲空；因為若撲空的話，他們就會認為他是在戲弄他們，可能在他來不及逃跑之前，就會好好教訓他一頓。

而如今，那些因為自己偶爾在節慶前夕守夜祈禱或者是早起晨禱，就變得

8 瑪竇福音12章30節。
9 聖詠49章18節。

心高氣傲，彷彿完成什麼豐功偉業而洋洋得意的人，他們在哪裡呢？我們的救主基督可是習慣徹夜不眠的儆醒禱告呢。

那些因為他與稅吏一同吃喝、也不拒絕罪人的善意與款待，而稱他為老饕與酒徒，並拿他與信仰僵化狹隘的法利塞人比較，而認為他欠缺德行、猶如尋常老百姓的人又在哪裡呢？然而，當那些尖酸刻薄、眉頭緊縮的法利塞人在世人面前站在街角公然禱告時，他卻充滿謙卑與慈愛地教導罪人，並與他們一起吃喝，為了修復他們的生命。再一次地，就在那些假冒偽善的法利塞人舒適地躺在柔軟的床上打鼾時，基督繼續在戶外堅忍地徹夜祈禱。

天主啊，我們實在懶散又怠惰，無法效法我們救主如此美好的榜樣；那麼，我們至少在上床準備就寢時，要想起基督持續的守望，且在入睡前用簡短的幾個字衷心感謝他，一方面表示我們厭惡自己的懶散，另一方面也表示渴望他賜給我們更豐盛的恩典。當然，即使我們慣常所為僅止於此，我也確信天主會立即以其恩典幫助我們，讓我們得以更上一層樓。

便對門徒說：「你們坐在這裏，等我到那邊去祈禱。」遂帶了伯多祿和載伯德的兩個兒子同去，開始憂悶恐怖起來，對他們說：「我的心靈憂悶得要死，你們留在這裏同我一起醒寤罷！」

基督要另外八個門徒留在他後面，自己卻帶著伯多祿（彼得）、若望（約翰）及其兄弟雅各伯（雅各）與他一起前行，因為相較於其他門徒，他與他們比較親近。此舉並無其他用意，而是單單出於他自己的意願，不想讓其餘的人感到憂愁，由此可以看出他的良善與恩慈。

然而，似乎另有更重要的原因促使他這麼做。伯多祿的信心火熱，若望的純潔以及其兄弟雅各伯是第一個為基督殉道的門徒，就此看來他們確實遠超過其餘門徒。在此之前他就曾允准這三個使徒私下伴隨他榮耀的顯容，並且親眼得見此事。稍早時候，蒙他呼召而得見奇妙景象的他們，在清楚看到他永恆的榮耀時，必然得到極大的安慰，因此我認為這三個人的心志顯然比其他門徒更堅強，在他迎向痛苦的受難時，尤其應該陪伴在他身側。

現在他已經走在他們前方，他立即感受到沈重不堪的憂愁、傷痛、恐懼與疲累，在如此極端的情況下，他不久後就在他們面前脫口說出這些哀慟的話語，明確表達他內心的愁煩傷痛。

「我的心靈憂悶得要死。」

我們最聖潔的救主至福至溫柔的心，在重重深沈的憂傷重壓下而破碎悲慟，因他明確知道那叛徒與死敵已經步步逼近，現在即將撲向他；這就是他無法避免的未來，並且要遭受各種邪惡罪行的迫害，遭辱罵，鞭打，被戴上荊棘冠冕，被長釘刺穿，被送上十字架，最後還要接受冗長殘酷的折磨。此外還有更多讓他感到憂慮的事情，他預見門徒將會陷入恐懼與惶恐之中，猶太人將掀起的騷動，叛徒猶達斯的滅亡，以及最終的是，他親愛母親難以言喻的憂傷。這一切將同時排山倒海般重壓在他身上，猶如浪濤猛烈地沖擊岸邊的陸地，痛苦壓迫著他至聖至福的心靈。

或許有些人會感到訝異，既然我們的救主基督與他全能的天父同樣是神，怎麼會感到鬱悶、悲哀與愁苦。確實，如果他是神就不會這樣，並且他只能是神，不能同時是人。但現在他是全然的人——一如他是全然的神——而我想既然他是人的話，會出現這些情緒與狀況，自然也就不足為奇了。

我的意思不是要冒犯神，而是指這些是人類的正常樣態，就跟他是神，所以可以施行許多美妙的奇蹟一樣。我們會訝異於基督會感到恐懼、疲憊與憂傷，主要是因為我們認為他是神；可是我們對他會感到飢餓、乾渴、也會睡覺，就不會覺得訝異，這豈不是因為儘管他具有這些特質，仍無礙於他是神的緣故嗎？

到此為止，你可能會回應說：雖然我現在對這一點不再感到訝異，但我依舊對他為何會這樣感到訝異。既然他教導門徒不要懼怕那只能殺害身體、此外就無法繼續造成任何傷害的事物，[10]那麼他自己為何畏懼這些人？何況這些人還必須先得到他聖潔旨意的允許，才能傷害他至福的身體呢。

然而，就是因為如此（我們也確信），那些信仰他的殉道者才得以滿心喜悅又勇氣十足地迎向死亡，也才更能放膽駁斥與責罵那些獨裁者和他們的冷血打手；一般人若是認為基督就是所有殉道者的急先鋒與領隊，那麼他在即將受難之前，竟然會如此恐懼、憂慮、不安與焦躁，實在令人匪夷所思。既然他一向的做法都是身教先於言教，那麼在這個時刻他就應該為真理而喜悅地面對死亡，成為其他人效法的榜樣；以免其他人在關鍵時刻卻心生恐懼、不願為捍衛信仰而死時，還以此作為他們軟弱與怯懦的藉口，聲稱他們的所作所為與之前基督的所作所為沒有兩樣——他們這種做法不僅羞辱良善尊貴的主，其他人在看到他們極度的恐懼與憂愁後，也會受到影響而失志喪膽。

那些抱持上述以及其他類似負面觀點的人，既不瞭解整個事情的全貌，也不明白基督訓示門徒不要懼怕死亡的真義。他的意思不是要他們在面對死亡時無論如何都不可退縮，而是不應該因為膽怯而想要逃避肉體的死亡，乃至於捨棄信仰——這樣的話，他們就會墜入永遠的死亡。

儘管他希望他的精兵勇敢又機靈，卻不要他們成為石頭或者莽夫。一個堅強勇敢、即使承受痛苦也絕對不會退縮而且毫不在乎的人，就像是一塊沒有任何感官的石頭一樣。一個精神失常的人才會對肉體遭到傷害毫無所懼。然而，任何人都不應該因為懼怕肉體的痛苦而捨棄自己敬虔的信仰，因為這樣一來就會因小失大，反而換來更嚴重的傷痛。

10 譯注：此指「無法傷害靈魂」的事物，參見瑪竇福音10章28節。

外科醫生在面對需要開刀或者清創的病人時，他不會鼓勵病人幻想自己沒有任何悲傷或者疼痛的感覺，而是沉著冷靜面對一切，他也不會否認病人必定會感到疼痛。但話說回來，一旦病人能夠恢復健康又能避免更嚴重的後果，那麼這一切就值得了。

儘管救主基督吩咐我們，在別無出路的情況下要樂於赴死，不要因為恐懼而離棄他（我們若在世人面前不承認自己信靠他，就是離棄他），[11]但他並不只是單純命令我們要對抗自己的本性，不要因為死亡而退縮，他也允許我們在不至於違背或者妨礙自己信仰的前提下，躲避任何困難與危險。他說：「幾時人們在這城迫害你們，你們就逃往另一城去。」[12]眾門徒紛紛遵循我們最明智的主所賜的明智訓示，多年來除了少數最知名的殉道者，大多數門徒都曾循此原則保存自己性命，而讓他們自己以及其他許多人都蒙受極大益處；這種情形一直維持如此，直到天主奧秘的睿智預見更合宜的方式。

然而，有時候基督勇敢的精兵卻更進一步，即使在沒有人質問他們的情況下，自動自發地供稱他們是基督徒，並在沒有人拘提他們的情況下，自告奮勇地獻身殉道，為的就是要討天主喜悅、增添祂的榮耀。有時候基督的僕人會在世人面前隱藏起來，藉此破壞他們狡猾邪惡仇敵的計謀；有時候則挺身而出，激起那些冷酷無情迫害者的怒氣，使得二者對他們莫可奈何，同時氣憤地認為任何殘忍手段都無法讓那些甘心為基督而犧牲自己的殉道者屈服。

然而，看哪！無比憐憫的天主並不是要我們每個人都具備這種足以克服千辛萬難的最高勇氣。因此，我不會建議每個人都冒險犯難向前衝，以免無法安然無恙地折返，除非他能夠順利攀登山頂；那樣一來，或許他們就能夠腳步踉蹌地回到山腳。

11 瑪竇福音10章32節。
12 瑪竇福音10章23節。

且讓那些蒙天主特別呼召的人往前去，奉天主的名繼續挺進，他們必將得勝。因為唯獨天主知道萬事萬物的現狀及其來由，所有事物都會在祂的看照下，在適當的時機成就祂早已定奪的一切，祂的智慧洞悉萬事萬物，一切也由祂的意志來治理。[13]

因此，任何人在忍受肉體的痛苦或者面對天主離棄的處境時，都可以確信這是出於天主自己的旨意，才會遭遇這種困難。確知這一點後，他會得到極大的安慰，因為天主必將拯救他脫離這一切，或者在他身旁幫助他面對困境，讓他能夠勝過一切，而且得到勝利的冠冕。

宗徒說：「天主是忠信的，他決不許你們受那超過你們能力的試探，天主如加給人試探，也必開一條出路，叫你們能夠承擔。」[14]每當我們必須攜手對抗這世界的王、魔鬼以及他兇殘的嘍囉，為避免我們因為膽怯退縮而傷害我們的信仰，我就會用這段經文勸告每一個人拋棄心裡一切的恐懼。我會輕聲請他安靜自己的心，仰望並倚靠天主的幫助，尤其是上述經文告訴我們，凡在患難中信靠天主的人必將得到滿滿的力量。

然而，一個人在尚未陷入困難前，也不可以太過排斥恐懼；而是要作好準備讓自己能夠抗拒與克制恐懼，那麼這種衝突就根本不屬於罪或者過犯，而是重要的善功。

你是否覺得那些因為信仰基督而犧牲的聖潔殉道者，在面對死亡與痛苦時，從來就不會感到任何恐懼？我不用在這方面發表長篇大論，因為單單聖保祿（保羅）一人就抵得上我的千言萬語。確實，若說大衛（達味）對抗培肋舍特人（非利士人）時以一人勝過萬人著稱，那麼聖保祿應該也相去不遠，在為信仰而與那些不信主的迫害者相對抗的爭鬥中，他就是我們的明證，即使我再

13 智慧篇8章1節。
14 格林多前書10章13節。

另外舉出一萬人為例他也毫不遜色。

這位深受基督的愛與信心所吸引的最勇敢鬥士聖保祿表示，他確信自己必將得到屬天的賞賜，他說：「這場好仗，我已打完；這場賽跑，我已跑到終點；這信仰，我已保持了。」[15]他對此迫切渴望，因此說道：「在我看來，生活原是基督，死亡乃是利益。」[16]又說：「我渴望求解脫而與基督同在一起。」儘管如此，我所說的這位保祿，也曾運用策略在羅馬軍隊長官的協助下，躲過猶太人的陰謀，後來又聲稱自己是羅馬公民而從牢裡被釋放，並為解救自己脫離殘酷的猶太人，而上訴凱撒（該撒），甚至更早的時候，因為要躲避阿勒達王（亞哩達王）的追緝，而坐在籃子裡從城牆上垂降下來。

有人認為他在經歷這一切的時候，是全心全意想要以自己的勤奮與努力，受到種種歷練而讓自己的信心倍增，因此整個歷程毫無畏死之心；就我的觀點而言，我不否認前半句話，但也不至於膽敢支持後半句話，因為他在寫給格林多（哥林多）信徒的信中，對自己心中有時感到的恐懼（即使堅強如他）清楚描述如下：「從我們到了馬其頓，我們的肉身沒有得到一點安寧，反而處處遭難：外有爭鬥，內有恐懼。」[17]在另一處地方對他們說道：「當我到你們那裏的時候，又軟弱，又恐懼，又戰兢不安。」[18]他又表示：「弟兄們！我們深願你們知道，我們在亞細亞所受的磨難：我們受到了非人力所能忍受的重壓，甚至連活的希望也沒有了。」[19]

聖保祿在這裡豈不是親口承認，他心裡的恐懼、擔憂與疲憊，對他來說比死還難以承擔。他這些話語，猶如在畫板上生動地描繪出他為基督而活所承受的痛苦磨難。現在讓我再看看，是否有人還能義正辭嚴地表示，基督聖潔的殉

15 弟茂德（提摩太）後書4章7節。
16 斐理伯（腓立比）書1章21–23節。
17 格林多後書7章5節。
18 格林多前書2章3節。
19 格林多後書1章8節。

道者對死亡毫無畏懼。然而，這一切既無法讓聖保祿退縮，也無法讓他停止傳講基督信仰，而且即使先知阿加波（亞迦布）預言他將在那裡被關入牢裡，並且陷入他生命中更大的危機，眾門徒的勸告也無法留住他前往耶路撒冷的腳步，因為他知道那就是聖神呼召他前往之處。

既然這樣，恐懼死亡與折磨似乎就不是恥辱，然而基督降世不是要逃避這極大極深的痛苦，乃是要堅忍地承受它。所以，我們若看到一個人在面臨磨難的時候心裡感到害怕與厭惡，或者運用合法手段謹慎地躲避災難，我們不應該立即指責他是懦夫。

但，一個人在關鍵時刻，因為恐懼死亡與折磨而擅離職守，或者慌忙地向敵人投降，看哪！軍法就會判定這是可恥與背叛的行為。一個在戰場上極其膽怯又慌張的人，在長官下達命令時，若他能夠毫不猶疑地往前衝去，奮勇戰鬥並且勝過敵人，那我們便可確定這個人以往的恐懼不會影響他得到獎賞，因為最值得稱讚嘉獎的莫過於這樣的人——他不但克服敵人，也克服自己內心的恐懼，就此而言，比單純勝過敵人、消滅死敵更加困難。

我們救主基督就是如此，並在稍後以實際行動證明，他沒有因為憂愁、恐懼或者疲累而怯於遵行天父的旨意，反而勇敢經歷這一切讓他在不久前還深感擔憂的苦難。但是他之所以甘心樂意承受如此沉重的恐懼、憂愁、疲累以及內在焦慮的原因不止這一個。我說他「甘心樂意」是因為他不是被迫如此的。畢竟，誰能脅迫神呢？因此可以確知，就這件事來說，他奇妙的旨意就是，他暫時壓抑自己的神性不至於協助或者影響他的人性，好讓他的肉體能夠徹底體驗人類脆弱本性裡面各種糾結的情緒，而感受到至深的痛苦。

然而，我要說的是，美好良善的基督會這麼做是基於下面幾點原因。首先是因為他要藉此完成其降臨世界的目的，那就是傳揚並見證真理。儘管他既是完全的神又完全的人，但有些人認為他會飢餓、口渴、睡覺、疲憊以及其他各

種人類共具的本質，因此產生誤解而不相信他確實是神。我指的不但是當時那些與他敵對的猶太人與外邦人，也是指許多年後甚至自詡為忠實基督徒的猶太人與外邦人；正如阿萊亞斯（Arius）以及跟隨他的那些異端分子，他們毫不猶豫地否認基督與他的父在本質上完全相同，因此多年來他們在教會裡掀起許多紛爭騷擾。但對付這些惡毒異端的最有效解藥就是，我們救主所行的各種奇妙的神蹟。

然而，後來另一個面向又發生重大危機，正如一般人往往才脫離一個危機，隨即又陷入另一個同樣嚴重的危機。世上不少人都渴望看見他榮耀大能的神蹟，以致他們的雙眼因為燦爛光輝而迷濛，於是他們與真理背道而馳，否認他的人性。如今那些惡徒仿效這個異端起初的做法，不斷惡意地興風作浪，企圖破壞神聖天主教會在主裡的合一，他們以危險、錯誤，同時又膚淺的狂熱言論，竭力要毀滅與推翻人類救贖的奧秘，企圖從我們手中奪走並泯滅藉著我們救主的死與受難所帶來的豐富盼望——這正是我們救恩泉水的源頭。

如今，為了醫治這個致命的疾病，我們充滿恩典與慈愛的醫生樂於藉著這些人類脆弱本性（憂愁、害怕、疲憊以及對痛苦與折磨的恐懼）的明證，宣告他自己具有十足的人性。此外，正如他來到世上的原因就是要承擔我們的憂愁與痛苦，好讓我們能夠得到喜樂與幸福；也正如他為我們取得的喜樂，能夠讓我們的肉體與靈魂都感到完全滿足；因此，不但他的肉體要承擔最殘酷的折磨，他至福的靈魂也要經歷憂愁、恐懼與疲憊所帶來的劇烈苦楚。

一部分原因是，他為我們承擔的痛苦越大，我們就應該更加愛他；另一部分原因是，他要我們記得，若我們不願為了他承擔任何困難與愁苦（他曾樂意承擔我們極多與極大的痛苦），或者在犯過後，因為我們本當接受的懲罰而對他怨聲載道，這些都是非常不合理的事情；我們要在這裡想想我們的救主基督他自己，因著他自己的良善，不論其肉體或者靈魂都毫無退縮，堅忍地承受著

眾多與沉痛的折磨，絲毫沒有退縮，並不是為他自己，而是完全為了滌除與消滅一切可恥邪惡的敗壞。

最後，正如他從起初就知道一切，所以也清楚預知他奧秘的身體將衍生出各式各樣的教會肢體。若非得到恩典的幫助，本性是無法承擔殉道的，因為正如宗徒所說：「除非受聖神感動，也沒有一個能說：『耶穌是主』的。」[20]

然而，天主將他的恩寵賜給世人時，並沒有攔阻人類本性的作用，而任由它繼續運行，但他一方面會運用自然本性宣揚他賜給世人的恩寵，好讓他能夠更順利圓滿地完成目的，另方面若是自然本性過於傲慢倔強，那麼一旦恩寵能夠駕馭與勝過自然本性，使其順服，那些人就會因禍得福，而讓他們的靈性更加滋長。

因此，基督確實預先知道，許多人若是從來不曾遭遇肉體傷害的危險，就會變得非常軟弱，會因為恐懼而戰慄，現在，為避免這些人在感覺自己膽怯與懦弱的情形下，卻看到殉道者們如此堅強又勇敢，因而心裡感到忐忑不安，於是在恐懼的催逼下變得軟弱退縮、甚至於自暴自棄而不願前進，我認為基督慨然以他自己的悲傷、憂愁、疲憊與極度的恐懼，安慰他們軟弱的靈魂，就像是一個前輩親口跟那即將面對同樣遭遇的後生吐露自己心中的話：

鼓起勇氣，絕對不要怯懦與絕望。儘管你充滿恐懼、憂愁又疲憊，並因為最痛苦的折磨即將臨頭而膽寒，你仍要在這一切當中感到安全穩妥，因為我已勝過整個世界，而且當我想到最嚴酷痛苦的災難朝我重壓下來時，我感受到的是更深的恐懼、憂愁、疲憊，而內心也極其痛苦。

心志堅強的人或許能夠以上千個榮耀勇敢的殉道者為榜樣，並喜悅地效

20 格林多前書12章3節。

法他們。但是你這膽小又軟弱的羊啊，只要跟隨在我身後就足夠了，我就是你的牧人與監護，因此不要倚靠你自己，而是要信靠倚賴我。要知道，我在你之前已經走過這一條可怕的道路。因此，要緊緊抓住我外袍的捲邊。

你將得到前進的力量與鼓勵，這必定會成為常在你身邊的安慰，且能抑制那些導致你無端恐懼的幻想，而且每當你想起自己不只是跟隨我的腳步（我是忠信的，不會讓你承受超過你能力所及的試探，並且你在面對試探時總是為你開一條出路，讓你能夠承受得住）[21]，同時，眼前你所承受的這個輕微又短暫的苦楚，未來必將為你贏得天上無比輝煌的榮耀，於是你心裡就會充滿勇氣。因為相較於將來要彰顯在你身上的光榮，這個世界的諸般患難都算不得什麼。[22]

如今這一切既然都已經印在你腦海裡，你就要打起精神，帶著十字架的記號，將那黑暗之靈放在你心裡的恐懼、憂愁、怯懦以及虛無飄渺的幻想都掃除一空，然後昂首邁上你的旅程，穿過一切困難與險阻，忠心信靠我的扶持與幫助，你必將勝過一切，而且要將得到我賜給你的榮耀與得勝之冠。

我在前文中提過，我們救主親嘗我們脆弱本性所遭遇之諸般患難的眾多原因之一就是，他要為軟弱的世人而成為軟弱，要藉著他的軟弱醫治他們的軟弱，悉心眷顧著他們，而他經由自己的苦楚所要達到的目的，似乎就只是要教導膽怯的士兵，一旦遭人以暴力脅迫走上殉道之路時，該如何面對自己棘手的困難。

為此，基督會指示那些面對危險的人，一方面要渴望其他人為自己守望與祈禱，另一方面要依舊把自己完全交託給天主；於是他把其他八個宗徒留在山腳下，帶著其他三個宗徒與他同行，卻吩咐他們停在原地為他守望，而由他自

21 格林多前書10章13節。
22 羅馬書8章18節。

己一人往前到擲一個石子遠的地方，其用意就是要再次表示，唯獨他自己一人要親嘗死亡的痛苦。

耶穌往前走了不遠，俯伏在地祈求，如果可能，使這時辰離他而去，說：「阿爸！父啊！一切為你都可能：請給我免去這杯罷！但是，不要照我所願意的，而要照你所願意的。」

基督在這裡猶如優秀的元帥，以自己為表率教導手下的士兵，首先教導的就是一切德行的基礎——謙卑，這個基礎一旦穩定，就可以安然無恙更上一層樓。儘管基督是完全的神，與他的天父完全一樣，然而他也是人，因此依舊極其謙卑、毫不猶疑地完全俯伏在天父面前。

但是在這裡，親愛的讀者們，且讓我們稍停頓一下，專心默想我們的元帥基督如此俯伏在地是何其謙卑。我們若真誠地這麼做，內心必定會因為那光的燦爛光輝而通透明亮，這光來到世上是要照耀每一個人，我們必將因此明白、覺悟自己醜陋的愚行，而為之感到悲哀，至終必將徹底轉變。

許多人向全能的天主祈求時，因為極其愚蠢與魯鈍（我不認為他們只是一時忽略或者怠惰）並沒有帶著敬畏的心專注地祈求祂，與祂說話的時候反而漫不經心，像個輕浮又迷糊的渾球。因此我擔心我們恐怕會重重冒犯祂、激起祂的怒氣，而無法討祂喜悅賜給我們恩寵與憐憫。

甚至，我們有時候會在禱告剛結束，就立刻回想在禱告的這段時間裡，自己的頭腦裡究竟在想些什麼。主啊，我們究竟會發現其中充滿多少愚昧、荒誕又可恥的事情？我們必定會對自己的頭腦竟然能在這麼短的時間裡，想到這麼多千奇百怪又毫無意義的念頭感到訝異。若是一個人想要印證此事而想盡辦法努力把各種雜念裝進腦袋，也比不上我們早禱與晚禱，以及其他慣常的禱告時刻那樣，一方面任由頭腦神遊四海，一方面口中又喋喋不休說個不停，在極短

時間內就能涵蓋那麼多瑣碎的雜念。

若有人對我們睡覺作夢時，頭腦到底在忙些什麼感到好奇而想一探究竟，那麼就我所知，我們睡覺時，頭腦忙碌的情形就跟我們清醒著（如果以這種方式禱告還能夠算是清醒的話）禱告時，任由思緒四處漫遊，浸淫在各種虛幻的空想裡簡直沒有兩樣。二者之間唯一的差別就是，任何人都知道那些「清醒著作夢」的人腦子裡盡是一些荒唐、可恥、低劣的念頭，他們口中卻滔滔不絕地唸著匆促的禱辭，對此一點也不在意，因為他們的心思早已飄到渺茫的遠方。任何人如果在睡覺時夢到這種情景，我敢說他在起床後，一定會羞愧到不敢對任何人吐露自己荒唐的夢境。

古語說的好，外在的行為與樣貌就是內心的明鏡或者形象，眼睛、臉頰、眼瞼、眉毛、雙手、雙腳乃至整個身體的儀態，都能反映出內心的狂野荒誕。若我們禱告時心裡毫不敬虔，那麼我們的肢體也就隨之表現出毫不敬虔的模樣。儘管我們在神聖的節日因為要榮耀天主所以刻意穿著比平常更體面的服裝，然而，許多人禱告時的輕率模樣恰足以顯示（儘管我們從來都不敢公開表明）我們心裡其實充滿世俗的驕傲。

因此，我們甚至在教堂裡也會隨興而為，時而趾高氣昂地四處走動，時而優雅安穩地坐在位子上。我們偶爾跪下來的時候，不是單膝跪下並坐在另一隻腳上，就是拿個軟墊放在兩個膝蓋下面，有時候（如果我們特別嬌貴的話）還會多要個軟墊放在手肘下面，我們簡直就像一棟勉強支撐著的老舊腐朽房屋，彷彿隨時都會倒塌。

接著，我們各方面都透露出自己的心思已經遠離天主。我們會搔頭、修指甲、摳鼻孔，也會語無倫次，因為我們根本不記得自己說過與沒有說過的話，只是悶著頭絞盡腦汁繼續不斷地說。深陷危境的我們豈不應該坦然在私下的內心以及公開的行為上謙卑自己到極點，祈求天主的幫助；為許多可怕的罪過祈

禱天主的赦免；並渴望祂拯救我們脫離永遠的刑罰？即使我們從來不曾冒犯祂，單單這項在至高天主面前趾高氣昂的大不敬罪名，就應當被處以千倍的永恆之刑。

那麼，現在設想你背叛世界上某個位高權重的君王，他可以任意處死你或者饒恕你性命，然而他對你卻充滿憐憫，只要你悔改並謙卑地懇求，他就願意再次向你施恩，把死刑改為罰款，若是你對自己的過犯表現出真實誠摯的懊悔與悲傷，他甚至願意平白無故地釋放你。

假設現在你來到這位君王面前，無視其身分地位，毫無敬意地陳述自己的說詞，此時他四平八穩地坐在位子上，專心聆聽你說話，而你卻在他面前，來回踱著步為自己申訴，你在踱完步後，本當安穩地坐在椅子上，或許你想到基於禮節似乎應該屈膝下跪，於是你就招呼一個人拿個軟墊放在你的膝下，再拿一個小跪凳放在手肘下面那就更好了；接著你就大大咧咧地打哈欠、伸懶腰、打噴嚏、吐痰，還打一個飽嗝把你暴飲暴食的味道全送出來，總之，你的表情、言談、舉止乃至整個身體都讓他清楚看出來，你對他說話時根本心不在焉；現在，我要請你老實告訴我，你認為以這種態度在他面前申訴，能夠得到什麼好處？

如果一個人在面對生死攸關的判決時，以這種方式在任何一個君王面前為自己辯護，我們一定會認為這是瘋狂之舉。然而，俗世的君王在殺死我們的肉體後，就無能再傷害我們的靈魂了。那麼，我們既然觸犯比這更多更嚴重的過犯而得罪了身為萬王之王的全能天主，而且祂在殺害我們肉體後，還能夠把靈魂與肉體都丟入地獄的永火裡，[23]但我們乞求赦免的態度竟然如此草率，你認為這合理嗎？

話雖如此，但我不希望有人誤以為我不樂見任何人在或行或坐或躺時祈

23 瑪竇福音10章28節。

禱。因為我樂見人在從事任何事情時，都會把心向天主高高舉起，祂最樂意聆聽的就是祈禱，因為這樣一來，即使我們行路時心思都專注在天主身上，永不遠離那不論在何地何時都與我們同在的天主。正如先知對天主所說：「當我在我床上想起了你時，我便徹夜不寐地默想着你。」[24]

先知並不以此為滿足，所以還會在半夜起床[25]揚聲讚美天主。因此，我們除了在行路時祈禱，在祈禱之前要先以敬虔的默想為心靈作準備，以敬畏的姿態為身體作準備，讓自己更謙卑，彷彿世界上所有的君王都齊聚一堂，而我們正要前往他們的面前。

每當我想到祈禱時神遊四海這件事，就會感到悲痛焦慮。然而，儘管我們禱告的時候，會因為魔鬼作祟或者自己的想像，而在腦海中浮現極其可怕的念頭，但我認為只要我們竭力抵擋並迅速擺脫這些念頭，就不會成為致命的過犯，不過另方面，如果我們浸淫在這些邪惡的念頭之中，或者因為輕忽而容忍它們日益滋長，我確信到最後必定會累積成致命與嚴重的罪惡。

此外，每當我思想至高全能的天主，就不得不相信我們短暫的分心之所以不會遭受致命的懲罰，完全是因為天主以憐憫對待我們，而不是因為這些過犯不應當得到致命的懲罰，因為我在禱告中與天主交談時，這些邪惡念頭之所以能夠進入我腦海，唯一原因就是我的信心軟弱乏力。因為當我們與世上的君王或者他倚重的大臣談論要務時，我們的心思從來就不曾恍惚。

若我們堅定不移地相信向天主祈禱時，祂必然親自與我們同在，不僅聆聽我們所說的話，且會注意我們的儀態、表情以及其他肢體動作，並藉此瞭解我們內心的真實想法，同時也能清楚地識透我們最深層的世界，猶如祂以神聖至高的無限榮光照亮萬物一般，那麼我們祈禱時就會專心一致而不至於心有旁

24 聖詠集62章7節。
25 聖詠集118章62節。

驚；我認為，若我們相信天主親自臨在，那麼世界上所有君王在面對天主臨在的榮光時，即使他們當中最尊貴的君王都必須承認（除非他們已經心智錯亂）自己猶如地上渺小污穢的蠕蟲一般。

我們的救主基督瞭解，對世人最有益的事情莫過於禱告，然而他知道由於世人的輕忽以及魔鬼的作惡，美好的禱告幾乎毫無果效，反而對世人造成重大的傷害，於是決定在受難的旅程上，藉此機會以他自己的禱告和行為完美地總結這個最必要的功課，一如其餘所有的教導。

因此，他告誡我們，不僅要私下以我們的心靈，也要公開以我們的肉身在世人面前服事與榮耀天主（心與身的創造主），又教導我們，雖然肉體所表現的敬畏之舉源自敬虔的內心，依舊能夠轉過頭來興旺我們內心對天主的熱情與敬畏，於是他親自向我們示範那最謙卑順服的祈禱；他以極其卑微之姿敬拜其天父，連世上的君王（除了那因為醉酒而癲狂的亞歷山大，以及一些心高氣傲以神自居的野蠻君主）都不敢以此要求其臣民，即使其臣民樂於獻上如此敬意，他們也會怯於接受。

他在整個祈禱過程中，既沒有輕鬆地坐著，也沒有起身站立，更沒有跪著，而是整個身體俯伏在地，他悲傷地趴著，祈求天父憐憫他，口中呼喊：「阿爸，父啊！」謙卑地冀望若是能行的話，無所不能的父會因為他的懇求與禱告，讓他得免那痛苦的受難之杯——除非天父已經下定決心要他飲盡那杯。然而，他也表示，若是天父至福的旨意認為這祈求並不妥當，那麼就不應該蒙允許。

我們不應該因為這幾句話就認為聖子不瞭解其天父的旨意與心思；既然他降臨世界的目的是要指引與教導世人，那麼他就要讓世人知道，他自己也具有與世人同樣的情感。他呼喊「阿爸，父啊」的用意是要我們瞭解，天主——他的父——的確就是天地萬物的父。此外，他也提醒我們，對他來說，天父具有

雙重意義；一方面身為人的基督稱呼天主是父，指的是創造之父（因為天主從無創造我們，猶如我們肉身的生父，並且有秩序地創造與安排我們誕生必備的一切），但另一方面，身為神的基督稱呼天主是父，是指他本然的父以及與他同享永恆的父。

他兩次呼喊父的另一個用意就是讓世人知道，天父不只是他在天上本然的父，同時也是他在世間唯一的父，因為當聖神臨到他母親，讓身為童女的她未與男性交合而懷胎時，聖神（聖父與祂的靈）所成就的事情與人類所為無異，而非肉眼所能分辨。

現在他頻頻迫切呼喚天父，顯示其渴望自己的懇求蒙允許，我們從中可以學習到另一個功課：我們誠心祈求任何一件事情，卻沒有立即得到回應時，我們不應該失望喪志猶如邪惡的沙烏耳王（掃羅王）——他因為沒有如己所願立即得到天主的回應，於是就尋求女巫的幫助，而陷入巫術與魔法的網羅，二者皆是天主的律法所禁止，而且他自己不久前才明令杜絕。

基督在這裡所要教導我們的，就是祈禱要恆切，儘管我們所求的未蒙應允，也不應該怨天尤人、心懷怨恨。想想我們在這裡看到神的兒子，我們的救主雖然情詞迫切地向他的父祈求，依舊沒有能夠如他所願、得免死亡，他卻始終如一（這一點我們尤其應該效法他的榜樣）順服與遵行他天父的旨意更勝於自己的旨意。

他來到門徒那裏，見他們睡着了。

我們從經文裡可以看到不同的愛。看哪！基督對他門徒的愛遠勝過他們對他的愛，而且他們可說是世上最愛他的一群人。就在他即將遭遇最殘酷的苦難，悲傷、恐懼、憂慮以及疲憊向他迎面襲來之際，這一切依舊無法阻止他前去察看門徒們的狀況；然而，另方面，儘管門徒們對他的愛極其深切，對他的

愛顯然也始終不渝，甚至他們知道最愛的導師就要面對極其嚴重的災難，他們卻依舊無法保持清醒而睡着了。

就對伯多祿說：「西滿！你睡覺嗎？你不能醒寤一個時辰嗎？你們醒寤祈禱罷！免陷於誘惑。心神固然切願，但肉體卻軟弱。」

啊！基督說的短短幾個字強而有力！主基督的言語雖然溫和，卻能清楚明確地警惕他！在這段話裡面，基督稱呼他西滿（西門）就是要指責他懶散地睡着了，因為他是要藉此暗示，這種軟弱又鬆懈的態度根本配不上他的名字伯多祿（彼得）——這是早些時候基督因為他的個性堅定不移而為他取的名字。如今，在基督眼中，他已經不配被稱為伯多祿或者刻法（磯法），於是為表責備又重新稱呼他西滿。因為在當時基督對他說的希伯來話裡面，西滿的意思就是聽從與順服，但現在他違背基督訓示睡着了，那麼他就不再聽從基督，也不再順服他了。

然而，我認為我們救主的用意不只是要藉著這些溫和話語指示伯多祿，更是要狠狠地教訓他一番，彷彿他以嚴厲的口吻告誡伯多祿：

西滿，你竟然如此軟弱無力，連瞌睡蟲都能鑽入你裡面，甚至無法保持清醒一個小時陪伴我；西滿，刻法的意思就是磐石，當初我是因為你剛強堅毅才為你取這個名字，既然現在你的行為已經不再像是刻法，為什麼還要稱呼你刻法？現在你睡着了豈不正符合西滿這個名字？你本來的名字便是西滿，你既然睡得那麼沉，不被稱為西滿，難道還應該被稱為聽從嗎？既然我已經提醒你要與我一起守望，如今你怎麼還能被稱為順服呢？我一轉身離開，你就像個癱軟的懶惰蟲一樣立刻沉沉睡去。

西滿，我一直都器重你，如今你還繼續睡嗎？西滿，我一直都想方設法

栽培你，如今你還繼續睡嗎？西滿，你曾勇敢地誇口，若是需要你願意與我一起赴死，如今你還繼續睡嗎？西滿，就在眼前這時刻，猶太人與外邦人，還有比他們更惡毒的猶達斯即將謀害我的性命，然而你還繼續睡嗎？西滿啊，魔鬼也要篩你們就像篩麥子一樣，你還繼續睡嗎？啊！西滿，在我與你們都深陷如此災難之際，連你都睡着了，我還能冀望其他門徒有什麼作為呢？

說完這番話後，他覺得似乎不應該只教訓伯多祿一人，於是又對其他人說：

「你們醒寤祈禱罷！免陷於誘惑。心神固然切願，但肉體卻軟弱。」

這段話提醒我們要時常祈禱，並告訴我們祈禱的益處與必要，避免我們純正的心因為受到軟弱肉體的牽連而落入危險致命的試探。有誰的膽量勝過伯多祿呢？然而，就這件事情看來，他也亟需天主的幫助才能對抗他軟弱的肉體，他因為疲倦而疏忽祈禱與呼求天主的幫助，於是讓魔鬼有可趁之機，由於他肉體軟弱無力，他勇敢的心靈隨即消融萎縮，後來他還斬釘截鐵地否認自己認識基督。

這樣看來，若是連精神抖擻、奮勇前進的宗徒們都會因為睡意而停止禱告、落入試探，那麼我們這些萎靡不振、畏縮不前的人在面臨危機（上主知道，我們時常在危險中，因為我們的仇敵魔鬼就像一頭在各地巡遊的獅子，找尋那些因為軟弱而陷入罪中的人，要擄掠並吞吃他們[26]）時，若不遵照基督的吩咐、恆切地守望與禱告，會遭遇什麼下場呢？

基督在這裡吩咐我們的不是玩紙牌擲骰子，不是暴飲暴食，不是醉酒，或

26 伯多祿（彼得）前書5章8節。

者滿足我們污穢的慾望，而是吩咐我們要守望禱告。而且他吩咐我們不只是要偶爾禱告，而是要經常不停地禱告。他說：「你們要不斷祈禱。」27

同時，他希望我們不只是在白天禱告（誰會叫人在半夜保持清醒？）而已，更激勵我們也要把許多慣常用於睡眠的時間投注在誠心的祈禱上。這應該會讓我們對自己感到羞愧，並瞭解自己的過犯有多嚴重，我們在白天鮮少禱告，而且總是盡量簡短又漫不經心，彷彿我們仍在半夢半醒的狀態。

最後，我們的救主希望我們祈禱所求的不是財富或者其他世俗的享樂，也不是我們的仇敵遭遇厄運，更不是贏得世俗的榮耀，而是我們不會落入試探；他期望我們瞭解，祈求世俗的一切不要帶給我們危險與痛苦，那是極其虛浮與愚昧的。因此，他在很早之前教導門徒禱告的時候，就刻意把這件事情放在最末，作為總結其餘一切的重點：「不要讓我們陷入誘惑，但救我們免於凶惡。」28

他第二次再去祈禱說：「我父！如果這杯不能離去，非要我喝不可，就成就你的意願罷！」他又回來，見他們仍然睡着，因為他們的眼睛很是沉重，也不知道要回答他什麼。他再離開他們，俯首至地祈禱說：「我父！若是可能，就讓這杯離開我罷！但不要照我，而要照你所願意的。」

他在告誡門徒後，又回去再次禱告。雖然他祈求的是同樣的事情，卻把整件事情都完全交託給天父的旨意。他在此教導我們一門寶貴的功課，那就是要迫切地祈求，但不要頑固，而是要把一切都交託給天主，讓祂按照祂的旨意成就一切，祂與我們同樣希望我們得到益處，而且祂比我們更清楚一千倍什麼才

27 這是聖保祿的話語（出自得撒洛尼／帖撒羅尼迦前書5章17節），但其實救主也說過同樣的話（參見路加福音18章1節）。

28 瑪竇福音6章13節。

是對我們最好的做法。

他說：「我父！如果這杯不能離去，非要我喝不可，就成就你的意願罷！」

「我父」一語透露出兩種意義。基督藉此一方面表達自己真誠的熱情，另一方面表示，對他來說，天父是他獨有的父——不是基於創造（天主因此成為萬物的父），不是基於收養（天主因此成為所有基督徒的父），而是基於本質，他就是神之子的天父。因此，他教導所有的人在禱告時要說：「我們在天的父，」我們以此承認天主就是所有人的父，而我們彼此互為兄弟姊妹，然而就他身為神來說，唯獨他可以名正言順地稱呼天主為父，並在禱告中說「我父」。

然而，現在若有人因為驕傲而不願意與其他人為伍，認為唯獨他一個人能夠聽從上主的隱密之靈，因此高人一等，那他簡直就是在篡奪基督所說的話，若他在禱告時說「我父」而不是「我們的父」，以此顯示只有他可以親近上主的靈，而不是所有基督徒都能如此，這樣的話，他的心態就跟魔王相去不遠了，因為他心高氣傲地竊取上主的話語，猶如魔王竊取上主的地位。

基督所說的「如果這杯不能離去，非要我喝不可，就成就你的意願吧」，也清楚明確地透露基督衡量事情是否可行的標準，而這標準就是他的天父對於他的死所下的堅決而不可改變的旨意。如果他是從星體的運行或者大自然裡的獨特現象或者命運推算出他必須死，才表示「如果這杯不能離去，非要我喝不可」，那麼他為什麼要加一句「成就你的意願吧」？如果他認為這件事情不是由其天父掌管或者與其天父的旨意無關，那麼他就不會讓這件事情交由天父的旨意決定。

雖然我們在這段話裡面看到基督懇求他的天父讓他免於死亡，並且謙卑將這一切都交由天父的旨意決定，但我們總是要記得他既是神又是人，此時他不

是以神的身分，而是單單以人的身分說這些話。正如由肉體與靈魂組成的我們在提到自己的時候，有些話語僅適用於靈魂，另有些話語則僅適用於肉體。

例如，我們表示殉道者一死亡就會立即上天堂，但其實真正上天堂的只是他們的靈魂而已。同樣，我們在提到人的時候，會表示不論人生在世如何飛黃騰達、不可一世，也都不過是塵土而已，在短暫的此生結束後就會躺在墳墓裡腐朽。然而，靈魂絕對不會被埋在墳墓裡，也絕對不會就此滅絕，但是我們如果在生前肉體尚在時過著敗壞的生活，就會永遠活在痛苦中，反之，如果生前過著正直的生活，就會享受無盡的喜悅與祝福。

同樣，在基督全能的位格裡面，其神性與人性、靈魂與肉體交織在一起，因此他既是表現出神的樣式，又能表現出人的樣式，正如他的位格是一而不是二，他說的話也一樣。因為他具有神性，所以他毫無猶疑地表示：「我與父原是一體。」[29]而在另一處地方則說：「在亞巴郎（亞伯拉罕）出現以前，我就有。」[30]他更進一步對他的兩個本性表示：「我同你們天天在一起，直到今世的終結。」[31]他還單單針對他的人性表示：「父比我大。」[32]又在其他地方說：「我和你們同在的時候不多了。」[33]

儘管他榮耀的身體至今仍在聖壇上以餅的形式與我們同在，不過許久以前，他與門徒談話時的肉體（也就是他說「我與你們同在的時候不多了」所指的那種同在）顯然在他升天時就已經被接走了，此後，除非他向一些特別的人顯現他自己，否則就無法得見。

基督在這個他深受煎熬的時刻與地點所做、所承受與祈求的一切都非常卑

29 若望福音10章30節。
30 若望福音8章58節。
31 瑪竇福音28章20節。
32 若望福音14章28節。
33 若望福音7章33節。

微，因此讓一些人認為這似乎不符合他至尊至貴的神性；對這一切我要說的是，我們務必要記得他這一切作為完全是出於他的人性。

確實，其中一些作為我們會認為是出自較低層的人性（我指的是那些感官層面），這些作為一方面能夠顯示他確實具有人性，另一方面也能在未來緩解其他人心中的恐懼。基督認為他說過的任何話，或者他在受難過程中所遭受各種足以證明其人性的痛苦，都不足以稍減他的榮耀。他自己也這麼想，所以盡力向世界公開此事。雖然宗徒所寫的一切都是由他的聖神啟示的，但就我記憶所及，在他一切的作為中，他對此事的記載流傳格外費心。

他親口告訴門徒自己內心的沉痛與憂愁，用意就是要他們把這一切傳給後人。但他們距離他有一石之遙，假使他們都醒著，也聽不到他對天父的禱告；即便他們都陪伴在他身邊也聽不到，因為他們都睡着了。而且當時夜色昏暗，他究竟是跪著還是俯伏在地也都無法分辨。至於他全身流下如血般的汗珠，我認為他們在事後看到他在祈禱之處留下的斑斑汗跡，即使費盡心思也無法推測出真相，因為這如血般的汗珠乃是人世間前所未見的現象。

此外，他沒有對任何人透露他心中的想法，因為從那時起直到他受難死亡的那段時間，他沒有跟他母親或者任何一個門徒有過任何聯繫，除非有人認為他能夠在禱告結束回到門徒那裡，發現他們不是在沉睡就是半夢半醒（至少睡意濃厚）的時候，或者最後士兵突然現身拿住他的時候，還可以把握時間，對門徒詳述他內心深沉的痛苦。

那麼，唯一最可靠的解釋似乎就是他從死裡復活，眾人都確信他的神性後，由他親口把整個事情的來龍去脈告訴他親愛的母親以及那些蒙愛的門徒，因為除了他自己，沒有誰能夠說出身為人的他所承受的至極痛苦；他們以及隨後經由他們而得知此事的人都蒙受極大的益處。那些陷在苦難與憂愁裡面的人，一旦想到這個至極痛苦就能得到極大的安慰，因為我們救主就是為此（舒

緩與安慰苦難中的人）才用心良苦地透露他自己的傷痛，若非他自己說出來，否則絕對沒有人能夠知道此事，即使想盡辦法也無從得知。

但其中另有值得玩味之處，那就是基督禱告結束回到門徒那裡，卻發現他們睡着了，此時他們因為他的突然到來而感到錯愕，因此不知道如何回答他，於是他又離開他們。這看起來他似乎有意刺探他們是睡着還是清醒，但既然他是神，在他到他們那裡之前就應該能預知一切才對。

若是有人對此感到好奇，那麼這答案的前提就是，基督所為的一切都是出於善意。雖然他前往門徒那裡去的時候並沒有喚醒他們，但是他們依舊感到睏倦、疲乏，幾乎無法抬起頭來看著他；或者更糟糕的，他們在聽到他的斥責後就清醒過來，等他一離開就又沉沉睡去。不論如何，他藉著此舉表明兩件事情，一是他迫切關心他的門徒，二是他以自身為榜樣教導他的教會的領袖，不論自己是否憂愁、恐懼或者疲憊，都要辛勤地照顧他們的羊群，而不可以稍有鬆懈怠惰，要盡心盡力表明他們對羊群福祉的關心更勝過對自身福祉的關心。

不過，有些喜歡找碴的人會挑剔天主的旨意，因此懷疑基督究竟是否有意要他的門徒清醒守望。如果不是的話，那他為何要如此嚴厲地命令他們，而如果是他的旨意的話，那他為何要這麼頻繁地來來去去？既然他是神，難道他不能使他們完全按照他的命令而行嗎？

既然他是神，並且他是用自己的話語創造萬物，這對他來說當然不是難事。他只要開口說話，就能創造萬物，只要發出命令就能成就一切。[34]他既然能夠使天生失明的人恢復視力，[35]難道無法讓睡着的人睜開雙眼嗎？即使他不是神，這也不會是什麼難事。人在沉睡的時候，若用根針扎他們的眼睛，他們就一定會醒過來，而且不會再輕易睡着；如果基督下定決心的話，當然能夠讓

34 聖詠集32章9節。
35 若望福音9章。

門徒保持清醒而不再入睡。但是，基督要讓他們自己決定，也就是說，他們自己要有願意的心，一方面聽從他外在的命令，另一方面要順從他內在的督促，使得每個人都能貢獻自己的力量。

同樣，他也願意所有的人都得救，而沒有任何人遭受永遠的刑罰。[36]這就是說，我們不可剛愎固執地忽視他的旨意，而是順服他那充滿祝福的旨意。如果有人執意不這麼做，天主也不會勉強他，讓他心不甘情不願地進入天堂，好像天主很需要我們服事，沒有我們幫助天主的榮耀國度就無法存在似地。

如果真是如此，那天主會立即懲罰我們的過犯，事實是，如今祂百般忍耐地觀察我們，希望我們最終會因為祂充滿恩慈的寬容而終於悔改。但我們卻依舊在罪中而辜負他奇妙的恩慈，並且不斷地罪上加罪，我們正是（正如宗徒所說）在為自己累積天主的怒氣，直到祂展現憤怒的日子。[37]儘管如此，天主極其良善，雖然祂看到我們忽視祂的恩慈，又拿我們的過犯當成柔軟的枕頭入睡，祂依舊經常提醒我們，搖撼我們又拍打我們，還藉著災難努力喚醒我們。

祂藉此表明，儘管祂對我們感到失望，依舊是我們溫柔慈祥的父，然而我們當中許多人都抱持相反的觀點，把祂為我們益處所做的一切視為傷害與破壞。事實恰好相反，若是我們頭腦清醒、思路清晰的話，反而應該情詞迫切地懇求祂，每當我們遠離祂的時候，請祂（立即把我們拉回來）嚴厲糾正我們，帶領我們重新走回正途。

我們首先要祈求認識正途的恩典，並與教會一起呼求：「上主，拯救我們脫離內心的盲目。」並與先知一起呼求：「上主，教導我遵行你的旨意，並指引我你的道路，帶領我走上你的途徑。」[38]其次，我們應該誠心祈願，藉著天

36 弟茂德前書2章4節。
37 羅馬書2章4–5節。
38 聖詠集142章9節。

主甜美道路所散發的馨香之氣以及聖神的悅人氣息，讓我們得以滿心喜悅地跟隨祂。如果我們不幸在半途感到心灰意冷（這是天主所不願見、我們卻經常如此的情況），猶如一無是處的懶漢，遠遠地落在天主後方，這時我們就應該呼求天主：「抓著我的右手引導我前行。」如果我們軟弱到不願繼續前進，又怠惰懶散停滯不前，那麼我們就要祈求天主，不論我們是否樂意都要拖著我們前進。

到最後，我們若經過天主的循循善誘依舊固執地卻步退縮，既違背天主的旨意又不利於自己的福祉，繼續無理地頑固反抗，猶如毫無理智的野馬與驢駒，我們就應該適時引用先知的話語，極其謙卑地懇求全能的天主：「上主，當我不願親近你時，就用馬勒轡繩緊緊扣住我的顎。」[39]

然而，一旦我們陷入怠惰之中，首先失去的就是祈禱的熱情。既然我們不會為自己毫無熱情的事項（不論能帶給我們多大的益處）祈禱，那麼我們就應該加以防範，在自己尚未陷入困境與頭腦昏亂之前，就要在禱告中虔誠呼求天主的幫助，並以最謙卑的心祈求祂，倘若我們在未來任何時刻因為肉體情慾、世俗慾望，或因為魔鬼狡猾伎倆的引誘而祈求任何違背我們福祉的事情，請祂必定不要理會我們這些祈求，並讓我們無法得到所求的一切，又要重新賜給我們在祂眼中對我們有益處的恩典，讓我們從此不再追求相反的事物。

其實這也是一般人的常識，例如我們生病時總會事先提醒照顧我們的人，若是我們受到疾病的影響，特別渴望一些有礙身體健康的東西時，千萬不要滿足我們的慾望，以免導致病情惡化。因此，若我們在過犯中醉生夢死，仁慈的天主疾聲呼喊我們、搖晃我們，但我們卻沒有立即悔悟並努力過著正直的生活，往往這就是天主放任我們浸淫在自己罪中的原因。然而，他會任由另外一些人繼續沉睡，直到他純全美妙的良善和無法測度的智慧認為適當的時候才

39 聖詠集31章9節。

喚醒他們。基督第二次到宗徒那裡去的時候，他們依舊無法清醒過來而繼續沉睡，於是他就任由他們沉睡並離開，就是這種情形的例子。

把他們留在那裡後，他就離開他們，然後再跟前次一樣禱告，雙膝跪下祈求說：「父啊，若你願意，請從我面前撤去這杯，但不要成就我的意願而要成就你的意願。」

現在，看啊！他又做同樣的禱告，表達同樣的條件；他又為我們樹立一個榜樣，那就是當我們面臨重大危險的時候，千萬不可以認為這一切是為了天主，所以就一直祈求祂拯救我們脫離險境。因為這可能是天主知道安樂會讓我們對禱告感到倦怠，而困難與危險（尤其肉體的傷害）卻會讓我們保持警醒，於是刻意讓我們遭遇這樣的困境。因為我們對自己靈魂所遭遇的危險往往缺乏警惕，甚至毫無所覺。

但是對於那些關心自己靈魂健全的人（我們每個人都應如此）來說，若非天主大能的手激勵他殉道（不是經由秘而不宣的方式得知，就是經由其他合乎情理的方式確認），否則任何人都會擔心自己無法承擔如此沉重的壓力而屈服；因此，我們若要避免重蹈伯多祿過度自信的覆轍，就必須懇求全能的天主拯救他的靈魂脫離如此重大的危險。不過，我們一定要牢記，在禱告的時候絕對不可頑固地堅持自己必定要脫離災難，而是要把一切交託給天主，並盡我們的本分順服天主，耐心接受祂為我們預備的未來。

基督就是因為這些考量才親自成為我們禱告的典範，實則他自己根本不需要如此禱告。既然他是神，那麼他就跟他的父同榮同尊，而且能力也與其天父一樣，並具有同樣的意志。但就他身為人來說，其能力就遠不及天父。然而，天父已經把天上地下一切的權柄都交託在他手中。

儘管身為人的他在意志上未必與天父完全一致，然而他願意遵行天父所有

的意願，因為他們之間沒有任何差異；他明智的靈魂因為順服天父的旨意而願意承受最痛苦的死亡——儘管他肉體感官（為要顯示他具備完全的人性）全然抗拒這件事情。他自己的禱告就生動地表達出這兩種反應，他表示：「我父！若是可能，就讓這杯離開我罷！但不要照我，而要照你所願意的。」

他的行為比他的言語更能清楚透露出這兩種不同反應。因為他的理性拒絕逃避這麼可怕的折磨，因此謙卑地順服天父，而不惜獻上生命，甚至死在十字架上，看哪！基督隨後整個受難的過程就彰顯出這一切。

他的肉體再次對即將到來的痛苦感到極其恐懼，下面這段福音書[40]就足以證明此事：

有一位天使，從天上顯現給他，加強他的力量。

啊，當時他的心中是何其愁苦沉痛，竟然需要天使從天上下來安慰。然而，我只能感到無比驚奇，有些人竟然相信魔鬼不斷散佈的謊言，而認為請求天上已逝的聖徒或者天使替他們向天主代求毫無用處，他們所持的理由就是我們的信心足以親自在天主面前禱告，而這比所有聖徒和所有天使加起來更能幫助我們；因此，相較於天上所有聖徒，他自己更有能力與意願帶給我們更大的益處。

這種理由實在荒誕，而且說實話，毫無說服力。這些傢伙存心不良地嫉妒聖徒的榮耀（因此他們也得不到聖徒的恩惠），他們大放厥詞，為的是要我們不再愛戴聖徒，同時又阻止我們得到他們的幫助。

那麼，這些惡徒為何不同樣提出振振有詞的理由，證明這天使對我們救主基督的服事，其實都是毫無用處與不必要的？既然他是神，天上所有的天使裡

40路加福音22章43節。

面有哪一個的能力勝過他，或者能夠在他身旁幫助他？然而，他甘心為我們承擔憂愁與痛苦，也願意為我們接受天使的安慰，這一方面足以駁斥他們荒謬的理由，另一方面也可以證明他自己是完全的人。

當他勝過魔鬼的試探時，天使曾前來服事身為神的他，同樣，當他卑微地以人的身分走向死亡時，天使也前來安慰他；因此，這讓我們充滿盼望，當我們處於同樣的險境時，必將得到安慰，於是我們的禱告就不至於冷漠膚淺，而是能從內心發出深深的嘆息，如同基督在這裡為我們樹立的榜樣。

> 他在極度恐慌中，祈禱越發懇切；他的汗如同血珠滴在地上。

大部分學者都認為，基督為我們受難而承受的折磨，遠超過所有為自己信仰而犧牲的殉道者。但另有學者抱持相反的意見，他們表示，相較於其他殉道者的遭遇，我們的救主基督既沒有嘗盡各種不同的折磨，也沒有長期或者反覆遭受凌虐。然而，就基督永恆的神性來說，單單淌下一滴寶血，就遠遠足以償付整個世界的罪債，因此這一派的人認為，天主無意要他承受如同以往殉道者那麼多的痛苦，而是以其無比的智慧做出最佳判斷，況且世人無從得知其分量與比例，於是他們認為，即使他痛苦的程度遜於其他殉道者，也不至於違背我們的信仰。

不過在我看來，耶肋米亞（耶利米）指著耶路撒冷所說的「一切過路的人啊！請你們細細觀察，看看有沒有痛苦能像我所受的痛苦？」[41]這句話，不但常被教會應用在基督身上，也讓我深信殉道者所遭受的折磨遠遠不及基督所遭受的痛苦。

即使我退一步承認（這其實是不必要之舉）每個殉道者所受的折磨都比基督所受的更多樣、更殘酷、也更長久，即使在肉體上看來，他所承受的痛苦似

41 哀歌（耶利米哀歌）1章12節。

乎比較輕微，然而他內心感受到的苦楚，卻遠超過任何殉道者。這意思是說，表面上看起來是他們更加不幸；但要知道，基督內心對自己即將面對的劇烈苦難感到極其憂愁困苦，因為從來沒有任何人遭受過如此深沉的磨難。況且，可曾有任何人因為內心悲傷而全身淌出血汗，甚至流到地面？

既然他在受難即將到來之前所感受到的折磨就已經超過以往任何人，那麼我就可以從此推知，他在受難當下所承受的痛苦何其劇烈。

然而，若非他下定決心克制自己，不以其全能的神性來減輕與舒緩這些痛苦的壓力（甚至反而增強其強度），那他的痛苦就不至於讓他流出血汗，並進而成為未來殉道者為他犧牲流血的樣式，另一方面他也藉此鼓勵安慰那些誤以為對痛苦感到擔憂懼怕就是軟弱象徵的人，以免他們感到心灰意冷而屈服。

對此，如果有人舉出一些因為基督的緣故而充滿勇氣、主動慷慨赴死的殉道者，並認為他們的喜悅勝過他們的悲哀，在他們身上看不出任何恐懼或者不安的跡象或徵兆，所以尤其應該得到天上的勝利冠冕；我也贊成這種看法，但也不能否認那些儘管未能主動慷慨赴死，卻能在被捕時沒有退縮變節，為了基督而克服自己內心的恐懼，承受諸般苦難與憂愁的人也應該得到獎賞。

即使有人主張那些積極殉道的人在天上應當得到遠勝過其他人的賞賜，我也不以為意，因為我對這兩種人在天上得到的賞賜遠超過他們在世時眼睛所曾見過、耳朵所曾聽過以及心裡所曾想過的一切[42]感到十分欣慰。未來我們在天上時，不論一個人得到多麼光輝的榮耀，都不會惹人嫉妒，而是每個人都彼此相愛，都為對方得到的榮耀感到喜悅。

此外，對我們這些在黑暗深谷一般的悲慘世界中摸索的人來說，實在無法確知天主在至福的天堂究竟會賜給誰最燦爛的榮耀。儘管我確信天主喜愛樂捐

42格林多前書2章9節。

的人，我也認為天主深愛多俾亞，也同樣祝福約伯，因為他們都勇敢地面對與接受自己的厄運，而且就我所知，他們都沒有因為自己遭遇厄運而感到慶幸或者喜悅。

我不否認為基督犧牲性命——不論是因為客觀情勢使然，還是內心受到上主的感動——都是非常高尚的作為。但除此之外的行為，我就不認為是明智之舉。我們發現，在許多甘心樂意為基督受苦的偉大傑出人物裡面，有些人起初心裡面充滿恐懼與極深的憂慮，而且曾經不止一次逃避死亡，但最後終於能夠勇敢地面對自己的厄運。

然而，我也不否認天主有時候因為考量到聖潔殉道者高尚而痛苦的生活，或者完全出於祂自己的良善，而讓他們的心裡面充滿喜悅，這不但能夠克服他們心裡所有的愁煩痛苦，同時也能夠讓他們免於受到斯多噶學派（the Stoics）所謂「原初感動」（Propassiones，他們供稱他們學派中最聰明的人也難免陷入其中）的困擾。我們有時候也會看到類似的情形，那就是有人在爭戰中受傷後，因為當下心有旁騖而對自己的傷勢毫無所覺，直到他回過神來才感到傷口疼痛，我深信我們內心可能因為即將得到無上的喜悅而深感安慰，於是對死亡毫無畏懼或者面對痛苦而甘之如飴。

然而，若是天主樂意賜給任何人這樣的恩典，那麼我認為這若不是天主白白賜下的禮物，就是天主因為那些人以往敬虔高尚的生活而賜予的獎賞，儘管我認為獎賞應該是按照信徒為基督受苦的程度衡量的，然而天主極其慷慨寬宏，祂對這些痛苦的獎賞何其美好、豐盛、富足，[43]此生此世的一切災難與愁苦絕對無法與未來的榮耀相比，[44]凡是此生此世全心愛天主、為宣揚其榮耀而在肉體與內心承受極大煎熬與折磨，並不惜獻上自己鮮血與生命的人，未來都

43 路加福音6章38節。
44 羅馬書8章18節。

將得到榮耀。

若是良善的天主賜下恩典、使得某些人心中毫無恐懼，那又是如何呢？這不是因為天主喜悅或者獎賞那些人的勇氣，而是因為祂知道他們非常怯懦，若非如此就可能在面對恐懼時屈服。因為許多人起初的表現既軟弱又怯懦，但後來卻勇敢地承受所有加在他們身上的痛苦。

然而，我不能否認，那些勇敢面對死亡的人，能夠激勵許多人效法他們的榜樣，但另一方面，既然我們每個人在面對死亡時幾乎都非常畏怯，誰知道那些在面對死亡之初心裡非常憂愁恐懼，後來卻勇敢地經歷各種疲累、恐懼與悲傷，並堅強地突破一切險阻勝過死亡，然後光榮地進入天堂的人所樹立的榜樣，究竟能幫助多少人？這些人豈不是能夠在遭遇患難的時候，激勵與安慰原本軟弱又膽怯的人鼓起勇氣，使得他們儘管內心極其焦慮、恐懼、疲憊又擔心要面對殘酷的死亡，卻依舊能堅持到底而不退縮不屈服？

天主的智慧能夠識透萬物與管理萬物，[45]足以預知各時代各地方所有人的心思會產生何樣的反應，因此適時適所為他們樹立最有利的典範。因此，他按照自己的旨意衡量殉道者的內心，讓一些殉道者帶著喜悅快步迎向自己的死亡，而讓另一些殉道者戰戰兢兢地緩步走向死亡。然而，在最後那一刻他們都同樣充滿勇氣，唯一不同的是其中部分人的勇氣稍弱一些，因為他們不僅要戰勝外在的仇敵，還要克服內在的疲憊、悲傷與恐懼這三種最強烈的情緒，同時也是最頑強的仇敵。

我們目前討論的總結就是，我們應該仰慕與尊敬這兩種最聖潔的殉道者，且要為他們高聲讚美天主，並視情況，在天主恩典的帶領下，盡一己所能，緊緊跟隨他們的腳蹤。

然而，有些人可能覺得自己勇敢堅強不需要鼓勵，但他可能需要忠告，讓

45 智慧篇8章1節。

他有所節制，以免重蹈伯多祿的覆轍、突然踉蹌跌倒；但另方面，有些人可能覺得自己愁苦、憂傷又膽怯，那麼這樣的人就需要多加鼓勵，讓他內心得以堅強穩固而重新振作起來。

基督的憂愁一方面能夠約束那些魯莽衝動的殉道者，另一方面能夠安慰與舒緩那些膽怯的殉道者而讓二者都能受益良多。若是一個衝動的人，想起基督極其謙卑憂愁的模樣，那麼他可能就會知道要有所警惕而心生畏懼，以免仇敵先誘使他趾高氣昂，然後在轉瞬間讓他重摔在地而痛苦不堪。

此外，為避免那些過度膽怯軟弱的人，因為擔心自己禁不起折磨而憂心忡忡，於是就引導他不斷沉思默想憂愁痛苦的基督，並暢飲這股純淨的泉水，藉此得到安撫與慰藉，讓他清楚地看到，我們最親愛的牧者屈尊就卑地將他軟弱可憐的羊扛在自己肩上而擔負起這一切，而他親自彰顯心中的愛，為的就是要讓以後遭遇同樣困苦的人，能因此得安慰而不至於陷入絕望。

因此，讓我們向基督獻上虔誠的感謝（他的恩典豐盛，遠非我們心意所能及）並在遭遇痛苦時要牢記他的痛苦（他的痛苦遠超過世間任何痛苦），竭力祈求他因為自己也曾遭遇極度的痛楚，而樂意安慰我們。每當我們迫切祈求他拯救我們脫離苦難時，總要效法他自己樹立的榜樣，並同樣用他的話語作為結束：「但不要照我，而要照你所願意的。」

若是我們認真如此施行，我相信，就像他禱告時有位天使下來安慰他一般，他的聖神也會經由我們的天使安慰我們，讓我們堅強而能夠忍耐得住那些可怕的風暴，而我們將藉此直接升入天堂。

基督在我們之先以同樣的方式到那裡去，就是要讓我們充滿這樣的盼望。在經過長時間的痛苦後，他的靈得到安慰，接著他再次探視使徒後，隨即起身主動前去面對那虛偽的叛徒以及其他要折磨他的人——他們正急著找尋他，要帶領他受難。

他在為我們承受這苦難後，就進入他榮耀的國度，為我們預備地方，因此我們務必要效法他的榜樣。我們當謙卑地懇求他，鑑於他自己曾經歷至極的痛苦，而應允在我們遭遇痛苦時幫助我們，以免我們因為自己的怠惰懶散而被排除在外。

他從祈禱中起來，到門徒那裡，看見他們都因憂悶睡著了，就給他們說：「你們怎麼睡覺呢？夠了！起來祈禱罷！免得陷於誘惑。時辰到了，看，人子就要被交付在罪人手中了。起來！我們去罷！看，那負賣我的已來近了。」

看啊，這裡提到基督第三次回到門徒那裡，然後發現他們正在熟睡，雖然他已經嚴厲地吩咐他們要等候他，且要因為前面極大的危險而保持清醒並禱告；而同一時間，邪惡的叛徒猶達斯正因為要背叛自己的主而忙得不可開交，根本沒有空閒小憩。

我們眼前這天差地別的兩群人——我指的是這叛徒與宗徒——豈不就是一面鏡子，其中所反映的就是這個世界悲慘又可怕的景象，甚至從那時起到如今豈不都是如此？為什麼現在的主教無法從中看清自己的懶散與怠惰？他們就是宗徒的繼承人，他們的生命也在我們面前反映出他們的人格，而他們興沖沖地接掌宗徒握有的權柄，同時也亦步亦趨地跟隨宗徒進入怠惰懶散的沉睡。

正當他們許多人緩慢懶散地教導信徒建立德行，並維護真理的同時，基督的仇敵卻在勤奮努力地散佈邪惡與敗壞以及摧毀真理；他們這種種做法無異於捕捉基督，然後把他再次殘忍地釘在十字架上。正如基督所說，相較於光明之子，黑暗之子何其詭計多端。[46]

46 路加福音16章8節。

儘管睡着的宗徒與那些怠惰沉睡而任由信仰荒廢的主教之間確實相似，卻不能以偏蓋全，然而他們當中有一部分（可惜的是遠遠超出我的預期）確實是在沉睡，並且不像宗徒一樣是因為憂傷與愁苦而睡着，乃是像在泥塘裡打滾的豬一樣，不省人事地沉睡在自己的慾望裡面，正如世上的人陷溺在魔鬼、肉體與世界的享樂裡面。然而，眾門徒為主即將遭遇危險而感到憂愁固然值得嘉勉，但他們被憂愁勝過以致無法保持清醒而熟睡，卻是無可置疑的錯誤。

同樣，為世界的消沈感到憂愁以及為其他人的過犯而哭泣，當然是正確的心態，正如聖經作者所說：「我獨自坐著哭泣。」[47]並在另一處地方寫道：「我為罪人感到憂愁，因他們都不遵守你的規範。」[48]

我認為這應該就是先知在這兩段經文中所說的憂愁。然而，我必須說，儘管這種憂愁值得讚揚，依舊必須接受理性的約束與管理；若非如此，內心就會充滿憂愁而無法振作，勇氣與膽量也就隨之消散，理性就無法正常運作，猶如懦弱的船長，一聽到暴風雨的響聲就膽戰心驚，躲到船尾，整個人蜷曲在角落，任憑整艘船隨著海浪起伏翻騰。若是一個主教因為憂愁而如此沉睡，荒廢他照顧羊群的責任，那麼，看哪，我要大膽地將這種憂愁視為聖經所說直接墜入地獄的那種憂愁。[49]但我認為這種情形要更嚴重，因為就信仰來說，他似乎已經對天主徹底絕望。

另有一種遠比他們更糟糕的人，他們之所以會怠惰癱軟，不是因為擔憂其他人遭害，而是因為擔憂他們自己遭害。然而，他們所擔憂的根本不是肉體的傷害，而是世俗財富與物質的損失，導致他們擔憂的原因竟如此微不足道，那麼他們的罪過也就愈加嚴重；基督要我們因為他而輕看自己的生命，他說：

47 哀歌（耶利米哀歌）引言與3章28節。
48 聖詠集118章158節。
49 譯注：參見格林多後書7章10節：「因為按照天主聖意而來的憂苦，能產生再不返悔的悔改，以致於得救；世間的憂苦卻產生死亡。」

「你們不要害怕那殺害肉身，而不能殺害靈魂的；但更要害怕那能使靈魂和肉身陷於地獄中的。」[50]

他要求所有信徒在陷入絕境而無法脫身時要這麼做，又吩咐那些居於高位的主教擔負起更重大的責任：他們不可單單照顧他們自己的靈魂，而苟且偷安地蜷曲在暗處，直到被拖出來而無可奈何地公開承認他們的信仰，或者以謊言掩飾它，而是要在看到他們的羊群即將陷入危險時，勇敢趨前，甘心樂意為他們羊群犧牲自己的性命。

基督說，好牧人願意為自己的羊捨命。[51]既然好牧人願意為保護他的羊犧牲自己的生命，那麼我們就可以確定，那些為拯救自己性命而任憑他的羊遭害的人就不會是好牧人。同樣，願意為了基督而失去自己生命的人（聽從基督的命令為他的羊群喪失生命的人，就是如此）必然會得到永生；另一方面，凡為保全自己生命而離棄基督的人（為求安逸不傳真理而讓羊群遭害的人，就是如

此）反而會徹底失去生命。因為憂慮自己的益處而否認基督並公開離棄他的人，要為自己的過犯承擔何其深重的愁苦啊。

這些人雖然沒有與伯多祿同睡，卻像伯多祿一樣在清醒的時候遠離他；然而，當基督在遠處將充滿憐憫的目光投向他們時，在他的幫助下，或許他們會為自己的過犯流淚並深感憂愁，而終於能夠贖回他們的過犯；他們經由基督憐憫的眼神與溫柔的呼喚而想起他的話語與他的受難，於是擺脫了把他們拘禁在罪中的腳鐐，並藉著誠心懺悔與認罪，重新回到他面前。

然而，如今有些人敗壞已極，不僅因為心裡恐懼而否認真理，並且像阿萊亞斯及其徒眾一樣，為錢財或邪惡的野心而散播假道理，這種人既沒有與伯多祿同睡，也沒有與伯多祿一起否認基督，卻與惡毒的猶達斯狼狽為奸，與猶達

50 瑪竇福音10章28節。
51 若望福音10章11節。

斯一起迫害基督。這種人的處境比其他人都更危險，而猶達斯悽慘恐怖的下場就是其借鏡。既然天主充滿憐憫的良善無窮無盡，這些罪人就必然能夠盼望得到天主的憐憫。天主賜給世人充分的機會悔改，即使猶達斯也不例外。

基督沒有把他趕出自己身邊，也沒有取消他身為宗徒的身分，即使他賊性深重也沒有禁止他看管錢財。此外，在他為門徒濯足與最後晚餐時，依舊把這個叛徒視為與其他蒙愛的宗徒同列，他沒有因為在這個叛徒面前屈身彎腰而感到蒙羞受辱，用他自己純淨至聖潔的雙手洗滌他們的髒污（他們的內心確實不若猶達斯那般敗壞扭曲）。

更甚於此，基督無比慷慨地將自己至福的身體化為餅賜給這個虛偽的叛徒享用（不久後，他就將其出賣），並將自己的寶血化為酒賜給他飲用，而這個敗壞的叛徒在飲酒之際，內心卻在盤算讓基督淌血的計謀。結果，他與同夥前來逮捕基督時，他主動趨前親吻基督（這就是他背叛的暗號），謙和溫柔的基督並沒有拒絕他。

每個人豈不都會認為，儘管他狡猾奸詐，但上面任何一件事應該都足以感動這叛徒的心，帶領他悔改並踏上正途？

後來，在他悔改之初，他承認自己的罪過，企圖退還賣主得到的三十枚銀幣，卻遭到拒絕而被扔回來；接著，他甚至公開稱呼自己是叛徒，並坦承自己出賣的是無辜者，這一切我都認為是我們救主暗中在他心裡動工的結果，為的就是希望拯救這個不久前才想方設法取他性命的惡人免於滅亡（也就是說，這個叛徒並不覺得自己的背叛罪行無可挽回而感到徹底絕望）。

因此，可以明顯看出儘管猶達斯從門徒墮落為叛徒，天主依舊多次運用各種方法激勵他為自己的罪悔改，不願他步入滅亡，而他滅亡的唯一途徑就是自己內心感到絕望。任何人，即使敗壞至極如同猶達斯，只要一息尚存，都不應

該感到絕望，而是要聽從門徒給我們的忠告：「所以你們要彼此告罪，彼此祈禱，為得拯救。」52

若我們不幸看到有人走入歧途，依舊應該盼望他最終總會走回正途，同時要謙卑地不斷祈求天主賜給他悔改的恩典，而他也要善盡己責，在天主幫助下樂意地接受它，緊緊把握這恩典，而千萬不要惡意拋棄它，或因為自己的怠惰錯過這恩典。因此，基督第三次看到門徒一起睡着時，他對他們說：「你們怎麼睡覺呢？」這彷彿表示：「現在可不是你們睡覺的時候，你們必須要保持清醒並且祈禱，不久前我才警告過你們兩次。」

他們第二次被發現睡着時已經不知道如何回答他，現在第三次被發現犯下同樣過犯，而且間隔甚近，他們還能為自己想出什麼藉口呢？如果他們告訴他是因為過於憂愁才沉睡，那麼福音書的作者豈不就會記錄下來以證明他們的清白？對此，儘管聖路加略有敘述，但也沒有多加評論。雖然他沒有直接寫於文字，但字裡行間透露出他們的憂愁（實情的確可能如此）不應該遭到否定。

儘管如此，他們依舊沒有任何沉睡的藉口。這種憂愁雖然能夠讓我們在天上得到極大的賞賜，有時候卻會帶給我們極大的傷害與困難。我的意思就是，如果我們整個心思都全神貫注在它上面，就會對我們一無益處——我們沒有虔誠迫切地禱告祈求天主的幫助，渴望他的手安慰我們，反而內心益發焦躁不安，心慌意亂又無所適從，於是企圖用睡眠安慰自己，彷彿可以藉此逃避憂愁與困苦，結果費盡氣力也得不到我們想要的解脫。最終，在失去可以經由儆醒禱告從天主那裡得到的安慰後，即使我們在沉睡中還是能感受到內心的煩躁，並在盲目中落入試探以及魔鬼的詭計。

接著，為杜絕任何沉睡的藉口與託詞，基督對他們說：

52 雅各伯（雅各）書5章16節。

你們睡下去罷！休息罷！夠了！起來祈禱罷！免得陷於誘惑。時辰到了，看，人子就要被交付在罪人手中了。起來！我們去罷！看，那負賣我的已來近了。

基督三次喚醒沉睡的門徒後，他立即表情凝重、絲毫不假以顏色的厲聲責備他們。他還在說話的時候，叛徒猶達斯已經要來了。

要注意！基督在這裡放任宗徒睡覺，其實是要制止他們繼續睡。因為他在說完「睡下去罷」之後，隨即就說「夠了」，彷彿他說的是：「你們現在不再需要任何睡眠了，因為在你們特別應該保持清醒的那段時間，你們已經違背我的命令睡飽了。目前，你們沒有時間睡覺或閒坐，而必須立刻起來禱告，免得陷於誘惑。至於睡覺，我允許你們，現在就睡覺與休息吧——如果你們睡得著的話。但要知道即使你們能夠如此，也無法安穩入睡，因為他們即將到來，甚至近在眼前了，這必定會讓懶散的你們無法安眠。注意！時候到了，人子將被交在罪人手裡；看哪，那將出賣我的已經不遠了。」

我知道某些飽學又虔誠的信徒並不認同我這樣的詮釋，但他們不否認其他同樣飽學又敬虔的信徒非常喜歡這樣的詮釋。喜歡這樣詮釋的人不認為這樣的譏諷有何不妥，然而其他抱持不同觀點又同樣敬虔高尚的人，卻不熟悉聖經裡面經常出現的市井小民的語言。如果他們熟悉的話，就應該會發現其他經文裡面也出現過這樣的語言，而絕對不會感到任何不妥。因為這樣的譏諷其實並不尖酸刻薄，相較於宗徒保祿（保羅）挖苦格林多（哥林多）信徒，請求他們原諒他既沒有讓他們任何一個人出錢，又沒有向他們收取任何費用，可說是緩和多了；保祿是這樣說的：「除了我本人沒有連累過你們這件事外，你們有什麼不及別的教會之處呢？關於這個委屈，你們寬恕我罷！」[53]

53 格林多（哥林多）後書12章13節。

相形之下，天主的先知嘲笑巴耳（巴力）眾先知呼喚巴耳並且向其瘖啞的偶像大聲呼求，豈不是最尖酸刻薄的譏諷？天主的先知可是說：「要喊大聲一點，因為你們的神正在睡覺，也說不定正在國外旅遊呢。」54

我順便提到這幾處經文，是要說服那些因為拒絕接受這類修辭（他們因為心思單純而不能認同或者瞭解這些聖經裡面常見的修辭法）而無法認識聖經真義的人。然而，聖奧斯定（St. Augustine，又譯作聖奧古斯丁）表示，儘管他不反對我前面這樣的詮釋，卻認為這是不必要的，因為單從字面就可以理解其意義，無需假借任何修辭的解釋。為證明他的看法，他在其作品中對同一段經文的解釋如下：

聖瑪竇（馬太）這幾句話似乎自相矛盾。因為他怎能先說：「你們睡下去罷！休息罷！」隨即又說：「起來，我們去罷！」從字面上看來，這似乎顯然互相矛盾，因此一些人認為耶穌說「你們睡下去吧！休息罷！」的用意是要責備他們，而不是准許他們。

如果別無選擇的話，這種解釋自然能夠成立。但聖馬爾谷（馬可）對這件事情的記載是，他在說完「你們睡下去罷！休息罷！」之後，接著說的是「夠了！」，然後才是「時辰到了，看，人子就要被交付在罪人手中了。」[54]從此可知，我們的主在對他們說完「你們睡下去吧！休息吧！」之後，就在那裡等候他們小睡片刻，這就是他允許他們睡覺；接著，過了一段時間才對他們說「時辰到了」。因此，〈馬爾谷福音〉裡面記載著「夠了」，意思就是你們一直休息到此時。[55]

聖奧斯定對這段經文的見解，充分顯示出他聰明過人之處。但是我覺得主張其他解釋的學者會認為，基督已經因為迫在眉睫的苦難而兩度嚴厲責備宗徒

54 參見列王紀上18章27節。
55 原文出自聖奧斯定*De Consensu Evangelistarum.* Migne, P.L., xxxiv, 1164-5。

睡着，所以不太可能在此時先責問他們「你們怎麼睡覺呢？」隨即又准許他們睡覺，尤其當時的情況甚至比先前（即便那時他們就不應該沉睡）更緊急。

如今我已經說明清楚這兩種解釋，相信每個人都能夠選擇自己認同的解釋。我把它們鋪陳在這裡應該已經足夠了，而無需自不量力地擔任仲裁判定孰優孰劣。

「起來祈禱罷！免得陷於誘惑。」

基督首先吩咐宗徒起來禱告。現在他們已經兩次因為坐姿懶散而不經意地入睡，基督為糾正這種懶散貪睡的毛病，於是教導他們一門功課。既然這功課是我們救主親自教導的，我希望我們有時候也能夠在深夜時體驗一下。我們若是這樣做，不但會瞭解羅馬詩人賀瑞斯（Horace）所說的「好的開始就是成功的一半」（He hath half done that hath once well begun），更會瞭解好的開始就是徹底的成功。因為抵擋瞌睡的最大難關就是剛開始的時候。

我們千萬不可以與瞌睡蟲陷入拉鋸戰，而要在它開始向我們拋媚眼、湧上來把我們撲倒的那一刻就要全力反擊，並且要盡快擺脫它的糾纏。一旦我們迅速驅走昏昏入眠的睡意（死亡的形象），自然就會充滿旺盛的生命力與鬥志。

接著，我們若全神貫注地默想與祈禱，我們內心就能夠在寧靜的深夜裡得以安穩沉靜，相較於喧囂的日間（我們的眼睛、耳朵以及整個心思都因為周遭繁瑣的事務而應接不暇、忙碌不堪），我們在夜裡更容易領受天主的安慰。

慈愛的救主啊！有時候我們因為掛念世俗瑣事而輾轉反側，幾乎無法入眠；然而，儘管此時禱告能讓我們從我們靈魂的守護者手中得到極大的益處，儘管我們的死敵設下各種詭計陷害我們，儘管我們陷在幾乎滅亡的險境，我們卻寧可白白清醒著也不願意禱告，而是躺在床上讓腦海中充滿各式各樣荒誕的

幻想。

我們務必要記得，基督不但吩咐他們起來，更吩咐他們起來禱告，單單起來還不夠，還是要為了良善的目的而起來，否則我們起來若只是變本加厲地行惡犯罪，反而加倍觸怒他，倒不如迷迷糊糊地在怠惰與昏睡中度日。

基督不僅吩咐他們祈禱，更告訴他們祈禱的必要，又教導他們應該為什麼事情祈禱。他說：「祈禱罷，免得陷於誘惑。」

他不斷告訴他們，祈禱就是讓他們躲避誘惑的利器與衛士。任何人若是拒絕這些衛士進入靈魂的堡壘，並因為貪睡把它關在外面，那麼埋伏在四周的魔鬼軍隊——我指的是各種魔鬼的誘惑——就趁著他愚昧的疏忽而大舉入侵。

基督三次親口吩咐他們祈禱，並且他不只是說說而已，更以身作則地教導他們祈禱，又三次親自祈禱；這意味著我們祈禱的對象必定是聖三一，也就是永在的聖父、從他所出並與聖父同等的聖子，以及從他們而出並他們同等的聖神（聖靈）。

我們向聖三一的神祈禱時，一定要為三件事情祈禱。那就是為以往過犯祈求赦免，為目前面對的處境祈求恩典，並為透視未來的遭遇祈求智慧。對此，我們切不可輕忽鬆懈，而是要專心一致並持之以恆。我們每個人是否都確實這樣祈禱，各人的良知都非常清楚；若我們祈禱所結的果實逐漸稀疏，最後必將公然顯露在眾人面前，我向天主祈求眾人皆不至於落到如此地步。

不過，儘管我曾在前文痛斥祈禱時因為心不在焉而雜念叢生的現象，猶如一個粗心的外科醫生魯莽地處理常見的傷口，使得靈性軟弱的病人覺得這不但沒有減輕他們的疼痛，反而讓他們更加痛苦不堪，甚至認為自己毫無康復的盼望。因此，我認為現在應該提一下約翰．葛森（John Gerson）的例子，或許能夠讓他們釋懷。他善於用希臘人所謂anodina的舒緩劑治療憂傷焦慮的靈魂，而它的功效就像是舒緩身體疼痛的膏藥一樣。

約翰．葛森不但飽學多聞，而且擅長安撫憂傷愁苦的人。他看到有些人因為在祈禱時心神不定而感到不安，往往為此就不必要地重複他們的祈禱，但這樣他們還是不滿意，有時候同一樣事情甚至會重複祈禱三次，結果對後來的祈禱比對先前的祈禱更加不滿，因此逐漸對這一切感到倦怠，而無法在祈禱中得到任何安慰，於是有些人就此徹底放棄祈禱這個好習慣，因為這樣的祈禱對他們來說若不是毫無益處，就是會讓他們陷入沮喪。

這位高尚的紳士為要幫助他們解決這樣的難題，於是提出祈禱的三個面向：行為、德性與慣性；並以一個從法國前往聖雅各伯（雅各）墓地[56]的朝聖者為例解釋其意義，這位朝聖者一方面啟程前往目的地，另一方面他的腦中也盤旋著各種想法，不但想著他景仰的聖者，也想到他這趟旅程的目的。

這樣說來，他這趟朝聖之旅其實是從兩個面向同時進行，一個是自然之旅，另一個是德性之旅。自然之旅就是他在現實世界中的旅程，也就是他實際前往那個特定地點的行為。而德性之旅就是他心中朝思暮想的朝聖。他從德性的角度將這趟旅程稱為德性之旅，因為他踏上這趟旅程的動機（至於地點則與此毫無關係）著眼於德性，也就是要成為良善與虔誠的信徒。

然而，朝聖者在旅程中有時候會想到其他事物，不是想到聖徒也不是想到朝聖地，而可能是更美好的事物，例如他會專心默想天主。現在他繼續走上朝聖的自然之旅（如葛森所形容），但這還不算是德性之旅。因為他雖然實際在旅程中，但他的心思並沒有專注在他朝聖的動機或者他的旅程上。因此，儘管他沒有在德性的行為上進行朝聖之旅，然而他德性的善良本質依舊在進行朝聖之旅，因為他起初敬虔的動機已經隱含在他一切作為裡面，使得整個朝聖的旅

56 此指位於西班牙的聖地亞哥—德孔波斯特拉（Santiago de Compostela）。

程都充滿良善的德性。

他最初的良善動機一直都緊密地與他同在，好比我們用力扔出一塊石頭，雖然我們的手已經收回來，但是那塊被扔出去的石頭卻會因為起初的動力而繼續飛向遠方。

而且，有時候會單單出現德性行為而沒有自然行為，例如他坐下來專心沉思他的朝聖，而停留在原地沒有往前邁步。此外，也會屢屢發生沒有任何德性行為與自然行為的情形，例如他睡覺的時候，既沒有邁步前進的自然行為，也沒有思想朝聖的德性行為。然而，在這段期間裡面，只要他沒有改變初衷，德性的良善本質就一直存在。因此，這趟朝聖之旅實際上不會真正地中斷，至少會在慣性層面上這個善功會一直延續下去，除非他另有不同決定，也就是徹底放棄或者往後延遲到其他時間。

他舉出這個朝聖的例子說明祈禱的本質，由此看來，只要我們開始專心地祈禱就絕對不會中斷，只要我們不要故意放棄或者因為重罪的攔阻而失去其果實，起初的良善動機就會不斷延續下去（不論是在實際層面或者基於慣性）。

於此，葛森引用基督的話：「應當時常祈禱，不要灰心。」[57]這不是比喻，而是應當照字面意義如實瞭解。敬虔的人都切實遵行這條命令。他用流傳在學者間的一句俗諺印證他的觀點：「圓滿人生在於祈禱」，意思就是，若按照宗徒的指示，任何事情都是為天主的榮耀而做，那麼只要他開始專心虔誠地祈禱，那麼他的祈禱就絕對不會中斷（不是基於實際祈禱，就是因為其慣性），而起初發動的善功也會隨著他進入天堂。

學問淵博、品德高尚的約翰．葛森閣下，把這一切都寫在他的書裡。然而，他這些話的用意是要安慰那些軟弱的人——他們在祈禱的時候雖然費盡心

57路加福音18章1節。

力保持全神貫注，卻往往不經意地恍神渙散——僅此而已，絕對不是要讓人誤以為，即使他們在祈禱的時候心不在焉，也不至於帶來嚴重的後果。

實際上，若我們以草率的態度面對如此重要的事情，那麼，雖然祈禱時口裡唸唸有詞，但這絕對不會帶給我們天主的恩寵，反而會惹動祂的怒氣，並驅使祂遠離我們。

天主看到愚昧敗壞的人草率敷衍地呼喚他，豈能不憤怒？任何人來到天主面前時，若是嘴裡漫不經心地說著：「良善的天主啊，聽聽我的祈禱……」但內心卻遠離天主，並充滿各種虛浮繁瑣的念頭，天主不會賜恩寵給這樣敗壞與可憎的傢伙，也不會應允那些人千篇一律的祈禱，因為他們草率的祈禱就如維吉爾[58]所寫，只是喧鬧無意義的噪音。

祈禱結束後，我們多半會繼續忙自己的事情；有時候，我們隨後就需要為其他事情祈禱，這時我們就會祈求天主原諒前一次祈禱漫不經心。

基督之所以會告訴門徒：「起來祈禱罷，免得陷於誘惑。」就是因為他希望他們瞭解含糊又冰冷的祈禱不足以成事，並警告他們即將面臨的危險。他說：「時辰到了，看，人子就要被交付在罪人手中了。」他彷彿是在說：

我以前告訴過你們，你們當中有一個人要背叛我；你們對我所說的話感到驚慌。我又要告訴你們，魔鬼將要篩你們如同篩麥穗一般，但你們並不在意，因為你們沒有任何反應，似乎他的誘惑不值一哂。不過，為讓你們明白誘惑的可怕，我要預先告訴你們，你們全都會離棄我。然而你們全都曾表示，不會離棄我。並且你們當中口氣最堅定的那人，將在雞鳴之前否認我三次。然而，他斷然表示不會如此，又說與其否認我，寧願與我同死。你們當

58 摩爾引自Aen. x, 640。

中許多人都這麼表示。

既然你們不應輕看誘惑，那我要嚴格命令你們起來盡心盡力祈禱，免得你們陷入誘惑。然而，你們絲毫不在乎誘惑的力量，因此不願意起來，也不願意祈禱。你們之所以勇氣十足地輕看魔鬼的誘惑，原因可能是我曾經差派你們兩人一組前往各地傳講道理，你們回來後告訴我，連邪靈都降服歸順在你們面前。

然而，我對污鬼和對你們的瞭解，遠超過你們對自己的瞭解，因為二者都是我所造的，我即刻提醒你們不要因為這些許虛榮而沾沾自喜，要知道，你們勝過邪靈並不是靠你們自己的力量，而是靠我賜給你們的力量，同時這一切也不是為了你們的緣故，而是為了其他人能夠信仰天主的緣故。不過，我告訴你們，要為自己的名字被寫在生命冊上而喜悅，因為這是永遠屬於你們的喜悅，一旦你們的名字被記在生命冊上，就絕對不會被抹去，即使地獄裡所有的魔鬼都出來對抗你們也無法改變。

儘管如此，當初你們得以制伏魔鬼的權柄似乎讓你們勇氣倍增，而認為他們的誘惑微不足道。因此，即便我預先告訴你們今夜即將遭遇的一切危險，你們卻視若無睹，彷彿距離你們甚遠。

但我現在就要警告你們，那時刻就是今夜，而且幾乎已經到來。看啊，時辰已經近了，人子將要被交到罪人的手中。現下你們已經沒有時間坐下睡覺，而是必須起來；至於祈禱，你們也僅有不多的時間可以祈禱。因此，從這一刻起，我對你們所說的一切不是指未來，而是命令你們在當下就要遵行：起來，走罷，看啊！那出賣我的人近了。若你不願起來祈禱，那麼至少要起來趕緊離開此地，避免遭到波及。看啊！那出賣我的更近了。

或許他會說「起來，走罷」是因為他不希望他們因為膽怯而退縮，反而希

望他們勇敢向前面對他們的仇敵，猶如他自己一般；他並沒有轉身逃離仇敵，而是在說完這些話之後，刻意朝那些蓄意謀害他的惡徒前進。

> 耶穌還說話的時候，那十二人中之一的猶達斯，遂即到了，同他一起的，還有帶着刀劍棍棒的群眾，是由司祭長、經師和長老那裏派來的。

雖然對世人靈魂的健全以及基督徒內在德性的增長來說，最有幫助的方法莫過於虔誠默想基督受難的整個過程，但他在這裡提到人子即將被出賣時門徒們卻在睡覺，為的是藉此影射世界未來的發展，進而帶給我們更大的幫助。基督為拯救世人而降世為人子，雖不是經由男女受孕，依舊是人類始祖的後裔，也是亞當之子，為的就是要經由他自己的受難，讓亞當的後裔（他們因為先祖的過犯而生於罪中，並遭到悲慘的放逐）重新獲得更勝於以往的榮耀與幸福。

儘管他是神，依舊稱呼自己是人子，因為他確實是完全的人，而他不斷提醒我們他的人性（也唯有他的人性會死亡）使得我們牢牢記得因他的受難而帶給我們的益處。雖然我們可以說神死了（因為他死的時候是神），然而他的神性並沒有死，死的只是他的人性，但也不盡然如此，精確的說，死亡的乃是他的肉體；因為我們口中所說的死，指的是靈魂離開死亡的肉體，然而靈魂本身在離開肉體後並不會死亡。

但是他不僅喜悅被稱為人，更為了我們的救恩而親自承受人類的本性，並最終讓我們與他融為一體，我所說的就是他藉著聖事與信心讓我們得到更新與重生，並分享他的頭銜，如同聖經把所有忠心的基督徒都稱為神。[59]如果我們對人子基督即將被交在罪人手裡感到憂愁，那麼我想我們也應該對基督奧秘的身體（由虔誠基督徒組成之基督的教會）將被交給罪人而感到憂心忡忡。過去

59 譯注：參考若望福音10章34－35節，以及聖詠集105章15節。

幾百年來我們已經在許多地方看到這種不幸（不幸尚不足以形容）的情形，部分基督宗教世界曾遭受殘忍的突厥人的攻擊，又有部分基督宗教世界因為內部林林總總的宗派與異端而分崩離析。

因此，不論我們看到或者聽說任何地方（不論遠近）出現這種危險，我們都不應該繼續閒坐或者睡覺，而是要站起身來，盡力幫助他們，至少我們可以為他們禱告。我們不應該因為距離遠就不聞不問。既然異教徒都能寫出「吾既生而為人，自當待人如己」[60]這樣的佳句，基督徒更不應當袖手旁觀自己的肢體深陷困境。

基督不僅吩咐他身邊的那些人，也吩咐其餘在他指示下留在遠處的門徒同樣要起來禱告。我們若因為距離遙遠而不關心其他人的遭遇，至少也要留意自己的安危。因為我們應該擔心他們遭遇的災禍是否會蔓延到我們身上，我們憑日常經驗都知道一看到火苗竄起，就要注意火勢的強弱，在爆發瘟疫的時候，也要瞭解病媒的傳染途徑。

既然人類若非得到天主的幫助，否則就無法保護自己免遭禍害，我們就千萬不可忘記福音書裡這些訓示，並經常默想基督不斷親口對我們說的：「你們怎麼睡覺呢？起來祈禱罷！免得陷於誘惑。」

於此，我又興起另一個念頭，那就是惡毒又可憎的主教在聖體聖事（聖餐禮）中祝福與分派基督珍貴身體的模樣，猶如基督被交在罪人手中的模樣。我們一看到此情此景（其次數實在極其頻繁），就要在心中默想彷彿基督正親口對我們說：「你們怎麼睡覺呢？起來祈禱罷！免得陷於誘惑。人子就要被交付在罪人手中了。」

顯然在這些惡劣主教敗行劣跡的影響下，信徒的生活逐漸敗壞腐化。這些

60 Terence, Heaut., I, i, 25.

主教越不稱職（其責任就是為信徒守望與祈禱，為他們取得天主的幫助），信徒就越需要起來為他們自己守望並虔誠地祈禱，而且不只為他們自己，也要為這些主教祈禱，因為這些惡劣的主教若悔改的話，平信徒61必然能夠得到極大的益處。

最後，更要注意的是，基督被交在各種異端罪人的手裡，儘管這些異端之人領受聖壇上寶貴聖體的頻率往往超過其他信徒，又違反慣例地分開領受聖體裡的餅與酒，此舉實屬不必要，其目的無非就是要在世人面前博得虔誠的美名，並藉此羞辱天主教會；然而他們在表面上是要榮耀聖體，實際上卻是在踐踏褻瀆聖體，因為他們當中有些人仍然稱它們是餅與酒，但最糟糕的是，有些人認為它們就只不過是餅與酒，並進一步認為它們就只是單純的餅與酒，而徹底否認聖體裡面含藏著基督的身體（不過他們在口頭上還是保留這個稱呼）。

他們四處宣傳的這個觀點，違背聖經裡最清楚的文字、所有古代教父最明確的解釋、整個天主教會數百年來最堅定的信仰，以及經過數百件神蹟證實的真理，因此就上述異端的兩種做法來說，這確實是其中較惡劣的一個，你豈不會認為他們甚至跟那夜拿住基督的那些人一樣邪惡，並且跟比拉多（彼拉多）手下的士兵一樣明褒暗貶地嘲諷基督，用戲謔的語言稱呼他是猶太人的王，實際上卻是在羞辱他？同樣，那些人屈膝俯伏在地，稱呼聖壇上寶貴的聖體是基督的身體，但他們不會比比拉多的士兵更相信基督是君王。

因此，我們一聽到任何地方在傳揚類似的觀點，不論距離我們多麼遙遠，我們立刻就要想起基督依舊在對我們說：「你們怎麼睡覺呢？起來祈禱罷！免得陷於誘惑。」因為這種險惡的瘟疫爆發時，並不是在短短一天內就傳染給所有的人，而是逐漸緩慢地散佈，那些被感染的人起初也都是絲毫無法容忍異端，接著就聽習慣了，對它的反感也就逐漸消失，不久之後就能夠忍受異端罪

61 編注：未受神職的一般信徒。

人大放厥詞，然後經過一段時日他們自己也就陷入其中無法自拔。正如宗徒所說，這種瘟疫依舊在蔓延，就像毒癌一樣[62]最後會遍布全地。

那麼，我們務必要保持清醒、起來並不斷禱告，祈求那些遭到魔鬼狡計的引誘而陷入其中的人都能迅速地悔改與贖罪，以及天主絕對不會讓我們落入同樣的誘惑，同時魔鬼再也不能興起誘惑的風暴衝擊我們的住所。

我們對這些奧秘已經討論許久了，現在，我們就回到基督受難的歷程。

猶達斯便領了一隊兵和由司祭及法利塞人派來的差役，帶着火把、燈籠與武器，來到那裏。他還在說話的時候，看！那十二人中之一的猶達斯來了；同他一起的，還有許多帶着刀劍棍棒的群眾，是由司祭長和民間的長老派來的。那出賣耶穌的給了他們一個暗號……

我認為福音書所說，司祭長指派給這叛徒的那一隊士兵，其實是比拉多分派給司祭長的羅馬士兵，另外，法利塞人、經師（文士）和民間的長老還差派他們自己的僕人加入其中，這可能是因為他們不信任比拉多的手下，或者是要壯大他們的聲勢，以免夜裡突然爆發衝突讓基督趁亂逃脫，或者是想順便把他的門徒一網打盡，不讓他們任何一個人趁著夜色逃走（這是他們心裡的如意盤算）。基督以其大能完成他們無法達成的目的，最後只有單單他自己一人被拿住，因為這是他的旨意。

他們舉著冒煙的火把照路，又打著燈籠要在漆黑罪惡的夜色中找尋那燦爛耀眼的公義之光，他們不是要跟隨那光（他來到世界上就是要照亮每一個人[63]）的引導，而是要徹底撲滅那不可能被熄滅的永恆真光。這些走狗的主子就跟他

62 弟茂德後書2章17節。

63 若望福音1章9節。

們一樣，為了維護他們自己的傳統而想盡辦法摧毀天主的律法。那些直到今日依舊緊咬著基督的人也一樣，他們因為要顯揚自己的榮耀，於是竭盡一切力量貶抑與污衊天主的無比榮光。

我們可以從中看出人心極其善變。僅僅五天之前，異教徒才因為基督所行的神蹟以及他聖潔的生命而渴望見到他的面，同時，當他騎著驢進入耶路撒冷時，猶太人也畢恭畢敬地迎接他；如今猶太人與異教徒卻在轉眼間同時丕變，一起聯手要拿住他，對待他猶如賊一樣，在猶太人與異教徒中最惡劣的莫過於猶達斯，他不僅與他們一起前來，而且更像是他們的領隊與首腦。

基督在他被出賣、受難的時候教導世人一個教訓，那就是任何人都不應該倚靠世俗的財富，因為世事變化多端難料，而全心仰望天上基業的基督徒尤其不應該肆意追逐世界上虛浮的名利。

司祭或者說司祭長、法利塞人、經師和民間的長老，就是指使這群無賴前去對付基督的主謀；而我們在這裡可以看到，原本美好的事物，一旦逐漸偏離正軌，到最後就會完全變樣走調。路濟弗爾（路西法）的光輝在上主創造之初原本超過天上所有天使，然而一旦他開始心生驕傲，立刻就成為地獄裡面最邪惡的魔鬼。

這裡的情形也一樣，聚集在一起圖謀消滅燦爛耀眼的公義之光並殘酷殺害上主獨生子的那些人，並不是窮苦單純的尋常百姓，而是民間的長老、經師、法利塞人、大司祭與主教，他們的職責應該是伸張公義與傳揚天主的旨意。他們是因為心中充滿貪念、驕傲與嫉妒，才走向如此瘋狂愚蠢的道路。

然而，這裡我們不可輕忽、反而應該加倍留意的是，其他地方屢次輕蔑地稱呼猶達斯是賣主的叛徒，這裡卻把他列為宗徒之一——福音書作者說的是：「看！那十二人中之一的猶達斯來了。」

依斯加略人猶達斯我告訴你，在所有不信主的異教徒、猶太人、基督的死敵以及基督的一般門徒（以及其他任何可疑人物）裡面都沒有人這麼做，唯獨在基督自己遴選的宗徒裡面，有一人毫無羞恥地把他的主交在他們手中，同時又親自帶領他們前去捉拿基督。

所有居高位掌權的人都應當以此為借鑑，那就是在聽到旁人用尊稱向他們致敬時，不要總是沾沾自喜地擺出高高在上的架勢，反倒要刻意反省自己是否善盡職責、無負所託，而能夠名符其實地擔當這個尊稱。

若非如此，他們心中必定充滿羞愧（除非他們以接受逢迎拍馬為樂）；那些高高在上的權貴——例如高官、君王、爵爺、司祭或者主教——若是毫無貢獻建樹，就應該瞭解任何人用榮耀尊貴的頭銜稱呼他們時，都不是真心誠意地推崇他們，而是虛情假意地反諷他們徒有其名而無其實。

福音書作者提到猶達斯尊貴的宗徒位分，根本無意推崇他，因為在說完「十二人中之一的依斯加略人猶達斯」之後，緊接著就表示他是賣主的叛徒。

那出賣耶穌的給了他們一個暗號說：「我口親誰，誰就是，你們拿住他。」

另有一個疑惑隨之而起，那就是與叛徒同行的人為何需要暗號才能從人群中辨識耶穌。有些人對此疑問的回答是，因為他們曾經數次企圖捕捉基督，但他總是能突然從他們手中逃脫，因此需要以暗號為記。但是，他既然能在光天化日之下逃脫他們的追捕（甚至他們已經對他十分熟識），並且是藉著他神性的能力從他們眼前消失或者從他們中間穿過去，而讓他們大感錯愕，那麼這種辨識他的暗號似乎根本無法防止他逃脫。

因此，另有人表示，有一個名叫雅各伯（雅各）的人跟耶穌長得十分相似

（他們因此也認為那人曾被稱為主的弟弟），所以，若不是非常熟識他們，根本就無法輕易分辨二人。不過，他們大可以把兩人都抓起來，一起帶到其他地方，這樣他們就有充裕的時間仔細分辨兩人，這豈不就不需要任何暗號了嗎？

而如福音書所說，那晚夜色已深，雖然將近黎明時分，夜幕依舊低垂。從他們帶著火把與燈籠看來，天色依舊漆黑，他們眼前一片昏暗，因此無法辨識遠方的人物，而其他人也一樣。另外值得注意的是，因為當晚正值月圓，月色相當明亮，但這對他們沒有幫助，從遠處僅能看到對方身軀的輪廓，而無法看清對方的容貌，因此不能區別任何人。若是他們貿然衝向對方，企圖同時把對方一網打盡，那麼他們就必定會有所顧忌，因為在這種情形下經常會有人趁亂逃脫，而且極可能就是他們要捕捉的要犯；況且那些處境最危險的人，往往就是最先逃跑的人。

因此，不論這主意是他們自己抑或是猶達斯想出來的，他們都已經計畫周全。那叛徒走在最前方，由他擁抱並親吻我們的主為記號，當他們全都看清楚他後，就可以一擁而上捕捉他，這樣一來，儘管還是會有其他人逃脫，但此舉所冒的風險較低。

那出賣耶穌的人曾給他們一個暗號說：「我口親誰，誰就是；你們拿住他，小心帶去。」

看哪，這就是貪婪的寫照！你這個卑鄙可惡的叛徒，難道你對自己以親吻為暗號出賣你親愛的主（他曾樂於將你抬舉到宗徒的尊位）並將他交在那幫懦夫手中尚且感到不滿足，還因為擔心他在被捉拿後逃跑，還要進一步指示他們小心謹慎地押解他？你只不過是帶路的，負責捉拿他、看守他然後將他押去受審的另有其人；然而你彷彿認為自己的惡行還不夠多，竟然要僭越士兵長官的權限，彷彿差派他們的邪惡長官沒有給他們足夠明確的命令，因此需要一個你

這麼謹慎小心的謀士提醒與指揮他們，讓他們知道在捉拿他之後，務必要嚴密地看管、押解他。

莫非你擔心在詭計得逞，成功地把基督交在這幫惡棍手裡後，因為士兵的疏忽而讓他逃跑，或者其他人用暴力把他劫走，於是你就得不到這樁惡行的三十塊銀錢賞金？是的，是的，我向你保證，他們必定會一文不少地給付你全額賞金。然而，正如你現在喜孜孜地要得到它們，你在得手後馬上就會想甩掉它們。在此之際，你所要完成的工作，必將傷害你的主並讓你遭受譴責，卻會讓許許多多人得到極大的益處。

猶達斯一來到耶穌跟前，就說：「辣彼，你好！」就口親了他。耶穌卻對他說：「朋友，你來做的事就做罷！」「猶達斯，你用口親來負賣人子嗎？」

正如歷史告訴我們，猶達斯走在同行的人前頭，然而其中還含藏著另一層意義，那就是儘管許多人結夥行惡，但在天主眼中，裡面最糟糕的莫過於原本可以潔身自愛的那人。

我們彷彿可以看到，猶達斯一走上前，馬上就朝他說：「主，晨安。」然後就親吻主。他們就這樣朝他走去，向他致意，稱呼他主並且親吻他，假裝自己是基督的門徒，在表面上順服他傳講的信仰，卻在暗中狡猾地竭盡一切力量傾覆它。

他們向基督致敬，尊稱他是主，卻不聽從他的誡命。那些在聖體聖事中尊崇基督聖體的主教也同樣親吻他，卻用錯誤的教理和邪淫的生活殺害基督的肢體、基督徒的靈魂。那些原本良善又虔誠的平信徒也尊崇並親吻基督，現在卻因為受到邪惡主教的影響而違背所有基督宗教的長久傳統與慣例，不顧天主教會的反對與指責（因而嚴重地冒犯天主），他們不但在聖體聖事中分開領受基

督的聖體與聖血（這或許還可以容忍），甚至還譴責其餘在聖體聖事中同時領受聖體與聖血的人，這等同於譴責除了他們自己以外、古往今來世界各地所有的基督徒。

他們進一步表示，平信徒應該同時領受餅與酒，但是他們大部分的人（包括平信徒以及神職人員）卻把聖體聖事的實質內容（我指的是基督的身體與寶血）完全抽離餅與酒的部分，只空洞地稱呼它們基督的身體與寶血。

就此而言，這些人跟比拉多手下那些跪拜基督並嘲諷他是猶太人之王的士兵相去不遠。因為他們也恭敬地屈膝並稱呼聖壇上的聖體是基督的身體與寶血，但心裡卻不真的相信它們，正如比拉多的手下不相信他是王。

上述這些人畢恭畢敬的崇拜與虛偽的親吻，讓我們想起叛徒猶達斯的作為。然而，這些人是在猶達斯之後許多年才扮演他的角色，約阿布（約押）卻是在他之前許多年就扮演了他的角色，他對阿瑪撒（亞瑪撒）致意說：「吾兄，你好？」[64]然後用右手握住對方的下頦似乎要與他親吻，卻暗中拔出隱藏的劍，刺透對方身軀讓他當場斃命。在此之前，他也曾用同樣的狡計殺害阿貝乃爾（押尼珥）。後來，他終於罪有應得，因為這些狡詐陰險的罪行而被殺害。

猶達斯步上約阿布的後塵，不論其為人行事、狡猾奸詐、天主的報應以及兩人悽慘的下場都十分相似，唯一不同之處就是猶達斯在各方面都遠超過約阿布。正如約阿布深得他君王的寵愛，猶達斯也深得他君王的恩寵，更甚的是，他君王更偉大。正如約阿布殺害他的友人阿瑪撒，猶達斯殺害了與之更親密的耶穌，也是他親愛的主。正如約阿布是因為聽說他的君王看重阿瑪撒勝於他，於是因為怨恨與野心而殺害他，猶達斯則是因為貪圖一小筆世俗的財富，於是

64 這記載於撒慕爾（撒母耳）紀下20章。

狡猾陰險地謀害他自己的主。由此看來，他的過犯極其惡毒兇險，所以他的下場也就更悽慘可悲。

約阿布是遭人殺害，猶達斯則是悲慘地上吊自殺。但就兩人的背信賣友來說，他們是一丘之貉。約阿布一如往常地與阿瑪撒攀談並偽裝友善地要親吻他，然後可恥地殺害他；同樣猶達斯也溫和地來到基督面前，問候他並熱切地親吻他，但這個惡棍心裡卻盤算著要將自己的主送上死路。

儘管約阿布在層層掩飾下欺瞞了阿瑪撒，猶達斯卻無法欺騙基督。基督在他近前來時，大方地迎接他，聽到他的問候之後，並沒拒絕他的親吻，至於他暗中這一切背叛的詭計，基督早已了然於心，卻表現出全然不知情的模樣。

你覺得基督為何會如此呢？難道他是要教導我們虛偽與巧飾，要我們像狡詐的世人一樣以詭詐回報詭詐？不，不是的，這不是他的用意，他是要教導我們耐心溫和地忍受世人的惡待與狡計，而不要心懷怒氣，不要心存報復，不要用惡言宣洩心中的不滿，不要逞一時之快而戲弄對方，而是要以正直應付詭詐，以善對付惡，並且在任何情況下，都要盡可能和顏悅色，使惡人回心轉意。這樣的話，即使遇到無法挽回之人，對方也沒有藉口嫁禍我們身上，而只能歸咎他自己惡劣的心性。

如此，基督猶如醫生一般，努力用種種方法治療叛徒猶達斯。他首先溫柔地問道：「朋友，你來是要做什麼？」

這叛徒在聽到這話的當下，心裡稍有遲疑，因為他想起自己的背叛，而覺得基督稱呼他朋友是在刻意責備他這種惡劣的行徑。然而另一方面，正如所有犯罪之人都希望自己的形跡不會敗露一樣，儘管這個狂妄的惡徒根據自己的親身經驗早就知道基督完全瞭解每個人的心思意念，而且他自己的詭計已經在晚餐桌上暴露無遺，他卻將這一切拋在腦後，一相情願地認為基督對他的企圖一

無所知。然而，對他自己傷害最深的就是這種虛妄的盼望（因為這是阻礙他悔改的最大障礙）；良善的基督不願意他繼續安逸地認為自己的詭計沒有被識破，於是立即尖銳地說：「猶達斯，你是要用親吻出賣人子嗎？」

基督在這裡一如往常地稱呼他名字，這是要喚起他對以往情誼的回憶，或許這叛徒的心會因此而懊惱並悔改。儘管他認為自己的背叛無人知曉，然而若是事跡敗露，他就不應該怯於承認自己的過犯。接著，基督以下面這句話嚴厲地揭露這個叛徒可恥的虛偽：「你是要用親吻出賣人子嗎？」

所有過犯中最為天主憎惡的，莫過於濫用原本善良的事物，使之轉而幫助我們行惡。天主就是為此而極度厭惡謊言，因為祂的本意是要我們真誠地表達自己的思想，我們卻完全逆轉其用途。同樣，天主也極不喜悅世人利用那些原本旨在防止過犯的律法，作為犯罪的工具。

因此，基督為了制止猶達斯犯下這種罪惡，於是說：「猶達斯，你是要用親吻出賣人子嗎？」他彷彿是說：

若不是謹守你的本分，就是公開表露你的真面目。因為以友誼為幌子行賣友之實，乃是罪上加罪。猶達斯啊！你都已經背叛人子（若是沒有這位你圖謀毀滅的人子拯救那些願意得救之人，那世上所有人都將滅亡）並把他給出賣了，何竟不以此為滿足？我是說，難道出賣人子還無法讓你感到心滿意足，你竟然要以親吻為暗號出賣他，而讓原本表現關愛與慈善的親吻淪為你背叛的工具？猶達斯啊，相較於你，我對以暴力捉拿我的這群人的譴責還比較輕微，因為你以一個背叛的親吻殘忍地將我出賣給這些粗暴的惡徒。

基督當下看出這個叛徒毫無悔意後，便不再跟這個對頭私下說話，轉而向那群敵人公開說話，要讓那個叛徒知道他絲毫不在乎這種種邪惡的詭計，於是他轉離那叛徒，手無寸鐵地往那幫武裝隊伍走去。福音書裡這樣寫著：

耶穌既知道要臨到他身上的一切事，便上前去問他們說：「你們找誰？」他們答覆說：「納匝肋人耶穌。」他向他們說：「我就是」。出賣他的猶達斯也同他們站在一起。耶穌一對他們說了「我就是」，他們便倒退跌在地上。

甜美的救主基督，不久前你極其恐懼，因為悲傷而俯伏在地並流出如血汗珠，謙卑地祈求天父取走你面前痛苦的受難之杯；現在你卻陡然轉變，猶如巨人一躍而起、滿心喜悅地奔向前程，並鼓起勇氣迎向意圖殘酷謀害你性命之人，又主動表明自己就是他們尋索之人，何竟彼等居然不識基督？啊！天父，願所有軟弱者因此得以堅強；願他們在面對死亡的威脅而深感恐懼之際，能夠藉此得到足夠的安慰。他們與基督同在苦難之中，他們與基督同恐懼、同憂愁、同悲傷並且同痛苦，因此他們必將（若他們誠心祈禱，並同樣堅忍，又全心全意順服天主的旨意）與他同得安慰與釋放。

他們將因基督的聖神大得安慰，他們以往扭曲的思想必將被基督屬天的恩寵導正，基督的十字架將浸入他們憂愁的苦水將之轉為甘甜，[65]死亡的痛苦回憶將變得喜悅甜蜜，並且緊隨著他們的憂愁而來的將是喜悅與安逸，隨著恐懼而來的將是力量與勇氣，最後，他們必將渴望以往避之唯恐不及的死亡，認為活著是痛苦，死亡是利益，因此盼望離開此世而與基督在一起。[66]

接著耶穌進一步問他們：

「你們找誰？」他們答覆說：「納匝肋人耶穌。」出賣他的猶達斯也同他們站在一起。耶穌一對他們說了「我就是」，他們便倒退跌在地上。

65 參見出谷紀（出埃及記）15章23節。
66 參見斐理伯（腓立比）書1章21節。

若有人曾因為基督不久前的恐懼與憂傷而輕看他，那麼基督當下所表現的膽識——勇敢面對這一群全副武裝的隊伍——必然能為他重新贏回名聲。儘管他必然會遭到他們殺害（因為他預知了一切將會發生在他身上的事情）卻依舊向那些不認得他的惡徒表明自己的身分，而把自己交在他們手中，猶如祭物一般任由他們殘酷地殺害。單就他的人性面看來，這種驟然的重大轉變確實令人深感訝異。

看到天主的大能在基督脆弱的肉身上如此美妙地運行，所有敬虔的基督徒豈不都該對他產生無比的讚嘆與景仰？你認為當時那些忙著要捉拿他的人裡面，為何沒有任何一人認得站在他們面前與他們說話的那人呢？他曾經在聖殿公開傳道，推翻兌換銀錢的攤位，並且把攤主趕出聖殿；他經常在群眾面前公開活動；他曾經駁倒法利塞人並讓撒杜塞（撒都該）人啞口無言，斥責經師並巧妙地回答黑落德（希律）士兵的詰問；他曾用五個餅餵飽七千人，醫治病人又使死人復活；他曾經與各式各樣的人為伴，包括法利塞人、奮銳黨人、富人、窮人、善人、惡人、猶太人、撒瑪黎雅（撒馬利亞）人以及外邦異教徒。但現在他就站在這群人眼前並對他們說話，卻沒有任何人能夠根據他的外貌或者聲音認出他來，彷彿派他們前來捉拿他的人刻意挑選了那些從未看過他的人前來。

為何即使猶達斯與基督說話、擁抱他或者以親吻為辨識他的暗號，他們也都沒有人認得他？當時與他們在一起的叛徒猶達斯不久前才親吻基督，為何竟然連他也認不出基督？為何會發生如此詭異又奇妙的情形？

這種在他揭露自己的身分之前，沒有任何人認得他的情形，不久之後也發生在瑪利亞．瑪達肋納（抹大拉的馬利亞）和另外兩個門徒身上，他們雖然與他同行一段路，卻把他視為一般的徒步旅人，而瑪利亞則認為他是個園丁。

最後，若你要知道為何他曾出現在他們面前並與他們說話，卻沒有任何人認出他來，那麼我們可以確定地說，這件事的原因就跟耶穌一開口對他們說「我就是」，他們就全都無法站穩腳步而往後退，並跌在地上的原因是一樣的。

基督在這裡證明，他的話語猶如天主的話語，比任何兩刃的劍更鋒利。

有人認為，閃電能夠融化利劍卻絕對不會傷到劍鞘。基督的言語也一樣，不會傷到他們的身體，卻會讓他們的力量盡失，使得他們沒有任何剩餘的氣力支撐他們的肢體。

福音書作者在這裡表示，猶達斯與他們站在一起。他聽到基督一語道破他背叛的詭計，或許是因為羞愧、或許是因為害怕（他非常清楚伯多祿剛烈的個性），他立刻就後退，回到與他同行的人那裡去。福音書作者刻意提到猶達斯與他們站在一起，難道只是要我們知道他與他們一起跌在地上？當然，猶達斯這樣的惡棍跟其餘同行的人沒有任何優劣之分，都應該跌倒在地。

福音書作者有意藉此警告每個人要慎選同伴，因為與惡人為伴，便將與他們同遭厄運。若是一個人愚昧地登上一艘漏水的船，下場往往就是不幸地落入海中，並且鮮有泅水上岸而不與其餘旅客一同滅頂的機會。

我想沒有人會懷疑，既然基督憑一句話就讓他們全數跌倒在地，那麼他也能輕易讓他們每個人重重跌倒在地、再也爬不起來。然而，基督使他們跌倒的用意是要他們知道，他們的作為無法超過基督允許的範圍，而他任憑他們站起身來捉拿他，是因為他甘心受苦。

於是他們站起身後，他又問他們說：「你們找誰？」他們說：「納匝肋人耶穌。」

於此每個人應該都看得出來，他們對基督的現身感到驚慌訝異，似乎陷入一片混亂而不知所措。當時他們心裡可能很確定，在那樣的深夜以及那樣的地點，他們只會找到幾個基督的門徒或者朋友什麼的，而且這些人只會領著他們四處瞎晃，絕對不會帶他們找到耶穌。然而，他們一遇見他就傻楞楞地洩露了他們還沒有完成的秘密任務，他們甚至既不認識這個人，也不知道對方為何會提出這個問題。

他一問他們：「你們找誰？」他們立刻就回答：「納匝肋（拿撒勒）人耶穌。」耶穌第二次回覆他們時說：「我告訴你們，我就是；既然你們要找我，就讓我的門徒離開吧。」彷彿在對他們說：「既然你們要捉拿我，而我現在來到你們面前，又告訴你們我是誰，現在你們已經知道是我啦，為什麼還不立刻動手捉拿我呢？」

「真正的原因就是，若非我允許，你們沒有能力捉拿我，我對你們說話時，你們甚至連站立的力量都沒有（你們退後並跌在地上已經證實此事）。然而，為了避免你們健忘，我再次告訴你們，我就是納匝肋人耶穌。既然你們要找的是我，就讓我的門徒離開吧。」

我認為基督把他們擊倒在地已經足以證明，基督說「讓我這些門徒離開」並不是在請求他們放這些門徒走。

有時候罪人不會單單滿足於眼前一項惡行，而往往會任憑他們的罪性肆意妄為，衍生出許多惡行。另外，他們在參與其他罪人的惡行時，必定會積極認真、超出預期，不但會不負所託，甚至會自作主張、添油加醋。

基督就是針對這兩種人才會說：「既然你們要找的是我，就讓我的門徒離開吧。既然主教、經師、法利塞人和民間長老渴望的是我的血，那麼你們一來找我，我就來到你們面前；而且儘管你們不認識我，我卻自投羅網；你們跌在地上時，我依舊站在你們旁邊；現在你們已經站起身來，而我就在這裡等著你們捉拿我。最後，那個叛徒無法把我交在你們手中，我卻把自己交在你們手中，這樣一來，你們和我的門徒都會認為流我門徒的血（彷彿你們取我的性命還不夠）其實是不必要之舉。既然你們要找的是我，就讓我的門徒離開吧。」

他命令他們放他的門徒走，此舉卻與他們的想法相反。他們忙著捉拿他，他卻一心要他的門徒脫困，讓他們全都得以自由，這顯然會使得那些惡棍的陰謀落空。為達此一目的，他對他們說：「讓我的門徒離開吧，」這也是要應驗他先前所說的話：「你賜給我的人，其中我沒有喪失一個。」

福音書作者在此處所記載的基督話語，就是那晚基督為門徒濯足時對天父所說的話：「我因你的名，保全了你所賜給我的人。護衛了他們，其中除了那喪亡之子，沒有喪亡一個，這是為應驗經上的話。」67

看！基督在這裡預言，儘管他自己會被捉拿，但他的門徒必定安然無恙，同時預先表示唯獨他能夠保護他們。福音書作者同時要讀者牢牢記住，雖然基督在這裡對那些惡徒說「讓我的門徒離開吧」，實際上他是用自己的大能為門徒打開一條脫困的途徑。

聖經在達味（大衛）的〈聖詠集〉（詩篇）一〇八篇當中，便同樣以禱詞的方式預言猶達斯的滅亡：「願你縮短他的年歲，讓人取去他的職位。」這顯示出在叛徒猶達斯之前許多年，聖經就已經預言此事，但是在基督教導我們以及整件事情完全實現之前，是否有任何人已經瞭解其中意義，就不得而知。因為一位先知所預見的一切，未必其他所有先知也都能預見，每位先知領受預言的程度也各不相同。

對此我要進一步表示，沒有任何人能夠鉅細靡遺地瞭解整部聖經，其中許

67 若望福音17章12節。

多隱藏的奧秘依舊不為人知，例如敵基督（Antichrist）出現的日子以及末世審判的日期。雖然它們目前依舊隱晦不明，但厄里亞（以利亞）再次降臨的時候，終將公開揭露這一切。

我對聖經（天主將其無比的智慧積存其中）的讚嘆，正如宗徒對天主智慧的稱頌：「啊，天主的富饒、上智和知識，是多麼高深！他的決斷是多麼不可測量！他的道路是多麼不可探察！」[68]然而，如今許多驕傲自負的人蜂擁而起，並稱他們自己猶如聖熱羅尼莫（耶柔米）[69]所謂的「自學者」（autodidactons，也就是說他們的知識乃無師自通），又誇口表示，他們不需要參考前賢的注釋就能夠輕易瞭解其中一切的道理。

所有古代教父（絕頂聰明而且學識絕對不在這些人之下，又努力不懈埋首研究，遠比他們更能感動天主的聖神，因為他們虔誠的生活遠超過這些自吹自播之輩）都認為聖經裡的一切極其深奧難明，然而，如今這些新興神學家如雨後春筍般突然冒出來，他們似乎無所不知，而且他們對聖經的認識似乎跟所有虔誠的信徒都不相同，不僅他們彼此的見解互相抵觸，甚至對基督宗教基本要點的看法也不一致。他們每個人都宣稱自己已經掌握真理，並且對同儕加以斥責羞辱，而其同儕也以同樣手段對待他們。

正如他們竭力毀滅與推翻普世教會的信仰，他們這群烏合之眾也在彼此間製造混亂。居住在天上的天主高聲嗤笑這些人既邪惡又愚昧的作為，我謙卑地祈求天主，祂嗤笑他們不是要把永恆的懲罰加在他們身上，而是要把祂充滿恩寵的悔改注入他們的內心，儘管他們猶如長久在外流浪又揮霍無度的子女，但是到最後他們或許能夠重新回到他們母親教會的面前，我們與他們就能夠在基督的真理中同歸於一，並且相互關愛與憐惜，深願基督的真肢體能夠享受我們

68 羅馬書11章33節。

69 編注：聖熱羅尼莫（St. Jerome）生於公元三四〇年，是西方教會中最博學的教父與聖經學權威。

領袖與元首的榮耀。任何人若流落在教會之外，又離開正確信仰，那麼企圖享受基督的榮耀就是痴心妄想的自欺。

不過，現在我要告訴你，基督已經預先警告，這個預言是針對猶達斯而說的，而猶達斯的自殺恰好證明此事，接著伯多祿將之解釋明白，最後，所有宗徒拈鬮選出瑪弟亞（馬提亞）取代猶達斯的位置，於是另一個人就接手他的職位，而使得這個預言完全應驗。

同時，為使整件事情更明朗（儘管主教依舊不時接掌宗徒的職位），在瑪弟亞獲選取代猶達斯的職位後，就不再有其他人繼續接任十二宗徒的職位，而宗徒的工作逐漸分派給許多信徒，不但以往的預言得到應驗，這神聖的數目也得到完全滿足。因此，基督說「讓我的門徒離開吧，」並不是請求他們的允許，而是告訴他們他要任由他的門徒離開，為的是應驗他先前所說的話：「我……保全了你所賜給我的人。護衛了他們，其中除了那喪亡之子，沒有喪亡一個。」

我認為值得在此深思，基督如何以一句話預言這兩件完全相反的事件——叛徒絕望的死以及其餘門徒光明的未來。他非常確定這一切必將發生，因此他的口氣彷彿述說的不是未來，而是過去的往事。

他彷彿這樣說：「我保護了你賜給我的那些人。他們不是因為自己的力量而獲救，也不是因為猶太人的寬大而脫困，更不是因為比拉多手下的疏忽而脫逃，乃是因為我的保護而使得他們每個人安然無恙，唯獨那滅亡之子例外。父啊，他們是你賜給我的，連他也在其中。我揀選他的時候，他喜悅地接受我，於是我賜給他恩典，讓他與其餘接受我的人一起成為天主之子。但是他隨即就淹沒在自己的貪欲裡面，於是他就離棄我投向魔鬼，並且背叛我又拒絕我的救恩，當他四處搜尋我、要毀滅我時，就淪為滅亡之子。他就這樣因為自己的敗壞而自取滅亡。」

基督非常確定這個叛徒必然會遭遇的下場，因此在提到他未來的淪亡時，

直接了當地說他已經失喪了。儘管如此，就在基督被捉拿之際，這個可惡的叛徒充滿憤怒地混在那群捉拿基督的人中間，擔任他們的領袖與頭目，得意洋洋地冷眼旁觀他自己的同袍以及他的主步入險境。我認為他一心只想著捉拿他們，然後殺害他們每一個人。因為這就是那些不知感恩的傢伙的瘋狂本性，他們想盡辦法要除掉那些曾經遭到他們不公對待的人，因為那些殘酷的作為會讓他們良心充滿罪惡感而備受折磨。這個叛徒心裡喜孜孜地盼望所有他的同袍都被一網打盡，就像是愚人一樣認為自己必定平安無事，孰料天主的嚴厲審判隨即就降臨到他身上，接著他就悽慘地用自己的手將自己吊死。

於此，我對世人的愚昧深感悲傷與嘆息。往往我們認為自己的處境最危險的時候，其實就是我們處境最安全的時候。反之，死亡卻經常在我們認為自己最安全而高枕無憂的時候，悄悄地驟然降臨在我們身上。當時，除了猶達斯以外，其餘宗徒都非常擔心害怕，因為他們預期自己在被抓走之後，將會與基督一同遭害。結果，他們全都安然無恙地全身而退，但那一無所懼又以他們遭害為樂的猶達斯卻在幾小時之後失去他的生命。

對其他人遭遇的厄運感到幸災樂禍，是一種冷酷無情又違反人性的行為。對任何人來說，握有操控其他人的生死大權（好比這個率領著一隊士兵的叛徒），並沒有任何值得慶幸之處。因為要知道，置他人於死地者，死亡也必隨之而來。同樣，死亡降臨的時刻也未可知，聲色俱厲、急欲取人性命者，或許必先嘗死味；猶達斯就是一例，他將基督交在猶太人手中處死，結果卻先一步悲慘地結束自己的性命。

對世人來說，這是一個沉重嚴正的警惕，任何人都不應該認為自己能免於天主的報應，而對天主不存敬畏、肆無忌憚地行惡，又毫不悔改。因為一切被造物都願意與他們的創造者共同斥責與懲罰惡者。天空將以毒氣窒息他們，大水將以波浪淹沒他們，群山將重壓其上，山谷將升起對抗他們，大地將在他們

腳下裂開，地獄將驟然吞噬他們，而魔鬼將要挾持他們墜入冒著烈火的坑中直到永遠。

唯一能夠拯救這個可悲的惡人脫離這一切的，就是遭他離棄的天主。然而，天主屢次將恩典賜給這個硬著頸項的猶達斯，卻屢次遭他拒絕，終於決定不再將恩典賜給他，這人從此就陷入極其悽慘之境，不論他天真地認為自己多麼安全穩妥，又似乎能夠奔逃到天涯海角，其實他已經墜入悲傷與罪惡深淵的極處而無法脫身。

因此，我們要向我們最憐恤的救主基督祈禱，不但為自己、也要為其他人祈禱，祈求我們不會步上頑固叛徒猶達斯的後塵，而是要在天主賜下恩典時，喜樂地及時接受它，願我們經由自己的悔改以及祂的憐憫，能夠得到更新而進入祂永遠的榮耀。

第二部

論削瑪耳曷（馬勒古）的耳朵、門徒離棄基督與捉拿基督，主要以〈瑪竇福音〉（馬太福音）二十六章、〈馬爾谷福音〉（馬可福音）十四章、〈路加福音〉二十二章的記載為根據。

論削瑪耳曷（馬勒古）的耳朵

雖然宗徒（使徒）們最初聽到基督告訴他們眼前發生的一切時，他們都感到非常悲傷愁苦，但他們當下親眼目睹的一切讓他們更感悲痛。他們一看到許多人同時蜂擁而至，並聽到那些人聲稱要找尋納匝肋（拿撒勒）人耶穌，他們就不再懷疑那些人找尋他的目的就是要捉拿他。

在瞭解即將發生的一切後，各種念頭同時在他們的腦海翻騰。他們首先擔心的是他們親愛的主，接著就是他們自己的遭遇，然後就是他們因為不得不違背自己勇敢的誓言而產生的羞恥——他們每個人都曾信誓旦旦地表示，即使犧牲生命也絕對不會離棄自己的主。

他們的心思因為各種焦慮而分歧散漫。儘管他們對主的愛驅使他們留下來，他們心中的害怕卻催促他們逃跑。對死亡的恐懼驅使他們遠離，而違背自己誓言的羞恥感卻鼓動他們停留在此地。同時他們又想起基督從前曾吩咐他們不要帶木棍或木杖防身，同一夜卻給他們相反的命令：凡是沒有刀劍的，要賣掉外袍，為自己買一把刀。

當時的情形是，他們的人數僅有十一人，而且缺乏武器，當中配刀的僅有兩人，而且除了切肉刀之外，他們從來都沒碰過任何刀器，因此他們在看到一群猶太人跟全副武裝的羅馬士兵將他們團團圍住時，心中感到非常焦急。隨即他們就想到他們曾對基督說：「看！這裡有兩把刀，」基督回答說：「夠了，」不明白這句話意義的他們匆促地問基督：「主，我們可以用劍砍嗎？」想知道他們是否應該用刀保護他。

但是，伯多祿（彼得）愛主心切，在沒有得到回應前就抽出刀來，揮刀削掉大司祭（祭司長）僕人瑪耳曷的右耳，或許因為他恰好站在旁邊，又或許因為他是那些人當中最多事的一個，而且他顯然是個相當猥瑣的無賴，因為福音書作者只表示他是大司祭的僕人。正如尤維納利斯（Juvenal）常說的：「深宅大院裡滿是傲慢無理的僕人。」[70]每個人都可以從自己的親身經驗得知，任何富貴之家的僕人都比他們的主人更傲慢、更盛氣凌人。

聖若望（約翰）為了讓我們知道這傢伙由於深受大司祭重用，因此相當跋扈囂張，所以隨即補充說：「那僕人名叫瑪耳曷」——這位福音書作者鮮少記載這類訊息，除非另有用意。因此，我認為是這個流氓率先衝向前去，才激起伯多祿的火氣、首先向他下手，若非基督及時遏制他的匹夫之勇，整個情況的發展可能會難以收拾。他立即（因為他來世上不是要躲避死亡，而是要承受它，況且即使他另有想法，也不會需要這種幫助）安撫宗徒造成的混亂局面，並斥責伯多祿好勇鬥狠，然後醫治這個惡棍的耳朵。

為了把情況說明得更清楚，他首先回應其他門徒的問題：「任憑他們予取予求，暫且容忍他們。我說一句話就能讓他們瞬間跌倒，你看，我容許他們全都再站起身來，並讓他們任意對待我。正如我容忍他們，你們也照樣要容忍他們。而且時候馬上就要到了，那時我就不會再容忍他們任意對待我。現在我絲毫不需要你們任何人的幫助。」

看！這就是他對其他人的回應：「暫且容忍他們。」但是他轉身對著伯多祿嚴正地表示：「把劍收入鞘內。」[71]彷彿他說的是：

我不需要刀劍的保護。我揀選你們的旨意，不是要你們用這樣的刀劍爭戰，而是要用天主話語的劍爭戰。

因此，應當將這鋼鐵鑄成的劍放回原位，交在世界上君王的手中，重新收入他的刀鞘，讓他以此逞兇罰惡。我羊群的宗徒所使的另一種屬於天主的

---

70 *Maxima quaeque domus servis est plena superbis*, *Sat.* V, 66. 部分編輯認為這句話是偽造的。

71 若望（約翰）福音18章11節。

劍，遠比任何鋼鐵鑄成的劍更鋒利可怕。那劍可以把惡人驅出教會（猶如把腐敗的肢體從我奧秘的身體上切除掉），將他暫時交在魔鬼手中，雖然他的肉體要遭受折磨，但他的靈魂卻能夠得救，而讓他依舊有贖罪自新的盼望，得以重新接回我的身體。

若是一個人已經病入膏肓、無法醫治，那麼為避免他感染其餘健康的人，就要讓他的靈魂也永遠滅亡。我實在不願你們使用世界的刀劍（要記住我這話，它們應該妥當地收藏在世俗正義的刀鞘裡）爭戰，而我也不希望你們經常使用專屬你們的屬靈刀劍，而是要勇敢地使用天主話語的劍（猶如一把小小的手術刀切除靈魂裡敗壞腐臭的部分，讓它雖然受到創傷卻能得醫治與康復），至於另一把可怕又危險、把人逐出教會的利劍，我希望你們始終都會將它收藏在憐憫與同情的刀鞘裡面，直到出現緊急與危險的狀況才將它抽出刀鞘。

基督對其餘宗徒所說的話僅有三言兩語，這是因為他們比較溫和，也沒有伯多祿那麼衝動，基督花費相當長的時間，才讓伯多祿魯莽衝動的性子安穩平靜下來。基督不僅僅吩咐他放下刀，並告訴他儘管他出於一片好意，他依舊不喜悅他這種熱忱的原因。

耶穌對伯多祿說：「父賜給我的杯，我豈能不喝嗎？」

基督很早之前就告訴門徒他必須前往耶路撒冷，且要遭到長老、經師和司祭的折磨，最終將被殺害並在三天後復活。伯多祿將他拉到一邊責備他說：「主，千萬不可！這事絕不會臨到你身上！」接著，基督轉過身對伯多祿說：「撒殫（撒旦），退到我後面去！你是我的絆腳石，因為你所體會的，不是天主的事，而是人的事。」[72]

72 瑪竇（馬太）福音16章22–23節。

你或許可以看出來，基督對伯多祿的斥責非常嚴厲，而不久前他才承認他是天主聖子說：「約納（巴約拿）的兒子西滿（西門），你是有福的，因為不是肉和血啟示了你，而是我在天之父。我再給你說：你是伯多祿（磐石之意），在這磐石上，我要建立我的教會，陰間的門決不能戰勝她。我要將天國的鑰匙交給你；凡你在地上所束縛的，在天上也要被束縛；凡你在地上所釋放的，在天上也要被釋放。」73

基督在這裡可說是在趕他走，要他到他後面去，又直接表示他有礙於他的目的，並且稱呼他撒殫，最後又說他所關心的不是天主的事而是世俗的事。

但，他為何會如此呢？這是因為伯多祿勸他不要赴死，而他已經告訴伯多祿他必須受難，並且他已經下定決心要這麼做。因此，他希望他們不僅不可攔阻他，更要跟隨著他走上相同的道路。他曾說：「誰若願意跟隨我，該棄絕自己，天天背着自己的十字架跟隨我。」74

此外，基督又進一步表示，任何人若是在必要情況下不願意與他同死，那麼不但他的身體無法避免一死，還要陷入更險惡的處境。相反的，他表示，凡是為我而不惜犧牲自己生命的，那麼他必定不會失去生命，反而會得到更美好的生命。「誰若願意救自己的性命，必要喪失性命；但誰若為我的原故，喪失自己的性命，必要獲得性命。人縱然賺得了全世界，卻賠上了自己的靈魂，為他有什麼益處？或者，人還能拿什麼作為自己靈魂的代價？因為將來人子要在他父的光榮中同他的天使降來，那時，他要按照每人的行為予以賞報。」[75]

我對這些經文討論稍微冗長了些。但是你想想看，誰不會因為受到基督這些沉重深刻話語的激勵，而對永生產生熱切的盼望，於是就稍微偏離原來的主題？然而，就我們探討的主題來說，我們可以從基督這些話語瞭解，伯多祿遭

73 同前，17節。
74 路加福音9章23節。
75 瑪竇福音16章25–27節。

到嚴厲的告誡，切勿濫用他的熱忱攔阻基督受難赴死。

看哪！正如他以往曾用話語竭力攔阻基督受難，如今又因為同樣的熱情而使用武力與暴力攔阻基督。

儘管如此，由於伯多祿所犯的過失是出於善意，同時基督刻意要求自己在即將受難前要力求謙卑，因此基督沒有嚴厲地責備他，而是先理性地糾正他，然後指出他所犯的過失，最後又告訴他，即使是他自己不願意受難赴死，他也不需要他或者任何人的幫助，因為只要他祈求天父，天父必定會從天上差派所向無敵的天使對付這些正要來捉拿他的可悲奴僕。

正如我前面所說，基督首先安撫伯多祿魯莽的衝勁，然後告訴他原因何在。他彷彿這樣說：「難道你不願我喝我父賜給我的那杯嗎？」

「我一生都是順服的典範，也是世人的榜樣。一直以來，我最常也最迫切教導你們的不就是順服君王，尊敬父母，將屬於凱撒（該撒）的一切都給他，並且將天主應當得到的獻給他嗎？如今，就在我的使命即將告一段落，為這一切劃下我一直渴望的圓滿句點的前夕，你為何要慫恿我將這一切努力完全抹煞，拒絕我天父賜給我的那杯，而讓人子違逆天主——他的父？」

接著基督告誡伯多祿，以刀劍傷人乃極惡之事；又舉出民法為例說：「凡持劍的，必死在劍下。」

按照當時猶太人遵守羅馬的民法，凡是未得到充分授權而配劍欲傷人者，一經查獲，其罪等同於謀害人命。那麼當時伯多祿不但拔出配劍，更用劍傷人，豈不是罪加一等？我不認為伯多祿在震驚與恐慌之餘，還能夠深謀遠慮地想到不要殺害瑪耳曷，只要嚇阻他即可，因此有所克制而沒有朝他的頭部砍去，只是削掉他的耳朵。

或許有人主張，若是為了拯救善良無辜的人脫離兇殘暴徒之手而用劍，應當屬於合法，關於這個論點需要耗費冗長的篇幅，因此無法在此討論。不過，伯多祿依舊不能以他對基督熱切的關愛作為犯過的藉口，況且於法於理他都沒有權柄護衛基督，因為基督之前已經清楚警告他，萬萬不可攔阻他受難赴死，不但不可用言語，更不可使用暴力。

此外，基督為挫挫他的匹夫之勇，於是清楚明白地告訴他，他的防衛根本是不必要之舉。

「你想我不能要求我父，即刻給我調動十二軍以上的天使嗎？」

他沒有述說他自己的能力，而是提到他父對他的恩寵。既然他正在邁向受難的路途上，因此不願高舉他自己，也不願意公然表示他自己的能力與他的父不相上下；而像是在表示，他不需要伯多祿或者其餘任何被造物的幫助，若是他樂意祈求他的父，那麼他在天上全能的父必定立即差派大批天使給他足夠的幫助。他說：「你想我不能要求我父，即刻給我調動十二軍以上的天使嗎？」彷彿他會這樣說：

你親眼看到我僅僅用一句話，就不費吹灰之力讓這一群壯漢跌倒在地，連碰都沒有碰到他們（如果你認為單單靠你自己的力量就能如此，那就太不自量力了），如果這樣都還不足以讓你相信我不需要你的幫助，那麼至少該想起，我問你們每個人「你們認為我是誰？」時，你在天主的啟示下，立即就回答我說「你是基督，真神的兒子。」

既然那時你就因為天主的啟示而知道我就是天主聖子，也知道世上每一個生身父親都不會忍心不幫助自己的子女，你想想，若是我不甘願受難赴死，我在天上的父豈不是馬上就會幫助我嗎？

你想想，若是我祈求我父，我豈不能在瞬間就得到十二軍以上天使的幫助，而不會有任何耽延嗎？這些齷齪的奴隸與惡棍在面對這麼龐大的天使時，他們還能站得住嗎？他們連一個天使憤怒的眼神都無法承受，豈能承受十倍於十二軍的天使？

接著，基督又回到最初的論點，因為那是這一切的關鍵。

他說：「若這樣，怎能應驗經上所載應如此成就的事呢？」

聖經裡面充滿關於基督受難的預言，它們所說的都是他受難的奧秘，以及人類的救贖（若非他受難，就絕對無法成就此事）。

有鑑於伯多祿或者其他人以後會私下問他：「夫子，既然您能如您所說，從您天父那裡得到許多天使大軍，那麼您為何不要求呢？」因此，他的回應會是：

這樣的話，那必須成就的聖經要怎麼應驗呢？你從聖經可以明確知道，這是天主的公義與智慧所做的決定，也是讓人類重享墮落之前的福祉的唯一途徑；我現在若是真心期望我天父讓我免於死亡，那我的所作所為豈不正抵觸我當初降臨世界的目的？

因此，呼召天使下來幫助我，豈不就是把人類永遠隔離在天堂之外，同時我降世的特殊目不就是為要救贖人類，讓他們能夠重新得到天國的祝福嗎？這樣的話，你用自己的劍所對抗的就不只是邪惡的猶太人，更包括整個人類，因為你也不願意聖經得到應驗，又不要我喝我父賜給我的杯，毫無玷污與瑕疵的我原本就是要藉此消除與潔淨人類本性裡各種敗壞與髒污。

然而，你要注意基督在這裡的表現極其溫和，不僅阻止伯多祿傷人，更將手放在他仇敵被削去的耳朵上，然後讓它完全復原，而成為我們以善報惡的榜樣。

我想，儘管世上的活物都充滿靈性與生氣，卻都比不上聖經充滿屬靈的奧秘。正如我們身體即使最微小的部分都充滿生命與知覺，聖經裡所記載的一切即使再低賤與粗俗（請原諒我的用詞），也都因為活潑的屬靈奧秘而充滿生氣。因此，從那被伯多祿用刀削掉，然後被基督的聖手治癒的瑪耳曷的耳朵來說，我們不僅要衡量其事實（即使如此也可以從中學到許多積極的功課），更要深入觀察那含藏在字面意義之下豐富的屬靈意義。

瑪耳曷在希伯來文裡的意思就是英文裡的君王，這可說是相當有意義的比喻。因為人的理性應當猶如君王一般行使統治；當理性按照信仰統治時，就是在服事天主，而如此服事之人，便猶如君王一般行使統治。

但主教及其司祭、法利塞人、經師以及民間長老所遵循的是邪惡的迷信（他們將之與天主的律法混為一談），以聖潔為掩護，摧毀所有敬虔的德行，並消滅純正信仰的創始者，在我們眼中，他們及其同夥（那些邪惡迷信的導師與領袖）就是褻瀆天主的異端的象徵與代表。

世人的理性經常違背基督的真理，離棄基督並且投奔異端，就此成為效忠異端的奴隸，聽命於魔鬼狡詐的謊言。看！他的左耳依舊專心傾聽邪惡的異端，而他傾聽真理的右耳卻從此失聰。

然而，並不是每個人的情形都是這樣，也未必都會遭遇同樣下場。有些人是因為自己的惡心而陷入異端。這些人的耳朵不是突然被削掉，而是魔鬼先將其毒藥注入他們耳中，再經過一段冗長的時間才腐朽敗壞。遭到感染的部分硬化結塊後，整個通道就完全被阻塞，從此任何良善都不得其門而入。可惜的是，那些遭到感染的部分一旦被侵蝕殆盡，就會永遠消失，而這些可憐蟲鮮少、甚至絕對無法完全恢復原樣，因為沒有任何剩餘的部分可以醫治。

因為一時衝動而突然被削掉，然後掉到地面的耳朵，就象徵那些因為落入盲目的激情（以真理為幌子）而徹底遭滅絕的人。

另有些人是被他們自己善意的激情所蒙蔽。基督對此表示：「時候必到，凡殺害你們的，還以為是盡恭敬天主的義務。」[76] 這種類型的代表人物就是宗徒保祿（保羅）。

還有些人的心思充塞著世俗的情慾，他們在自己的耳朵被削掉而無法傾聽天主的教訓後，就任由它們散落在地面，基督對他們悲慘的處境往往充滿憐憫。他會親手從地上拾起那些因為一時衝動或者盲目的熱情而被削掉的耳朵，然後醫治它們恢復原狀，好讓它們能夠再次傾聽真理。

我清楚知道古代教父在聖神（聖靈）幫助下，一個接著一個陸續發現這處經文含藏著的豐富奧秘，可惜我無法在此一一詳述，因為那恐怕會打斷受難的故事。

耶穌對那些來到他跟前的司祭長，和聖殿警官並長老說：「你們拿着刀劍棍棒出來，好像對付強盜嗎？我天天同你們在聖殿裏的時候，你們沒有下手拿我；但現在是你們的時候，是黑暗的權勢！」

這番話是基督對司祭長、聖殿警官（守殿官）和民間長老說的。但有些人對此感到懷疑，因為路加表示，這些話是耶穌對司祭長、聖殿警官和民間長老說的，但其他福音書作者在敘述這件事情時表示，這些人差派了一隊士兵和一些自己的僕人前去那裡，但他們自己並沒有去。

有些人化解這個疑點的方法是：耶穌對他們差派的人說這番話，就等於是當著他們的面說的，正如君王會差遣他們的使臣，而個人則通常會派自己的

76 若望福音16章2節。

信差傳話。因此，我們對受差遣前來的僕人所說的每一句話，他們都必須沒有遺漏地回報給差遣他們的主人。

當然，我自己雖然並不完全反對這種解釋，但是我比較偏向認為基督是面對面地向司祭長、聖殿警官和民間長老說這些話。因為聖路加並沒有表示基督說這番話的對象是全部的司祭長、聖殿警官和民間長老，而只是他們當中那些前來捉拿他的幾位。依此看來，他似乎只是表示，雖然他們都聚集在公會堂，以集體的名義差遣這隊士兵和自己的僕人去捉拿基督，但還是有一些長老、法利塞人以及司祭長跟著他們一起前往。這種觀點與聖路加的記載完全一致，也符合其他福音書的說法。

基督在向司祭長、法利塞人和民間長老說話時，暗暗提醒他們，當時能夠順利抓拿他並不是因為他們的力量或者策略，所以不要為此沾沾自喜（猶如那些不幸有機會行惡的人），彷彿這是他們精心策劃的結果，因為他們竭力盤算消滅真理的所有計謀，絕對無法與他相抗而獲勝；這一切乃是天主以其至高的智慧早已預定，必將在特定的時間成就，在魔鬼發現之前便公正地釋放他狡詐捕獲的獵物——人類，即使他絞盡腦汁要用不義的手段繼續囚禁人類，也終歸無益。

基督明白告訴他們，若是他們趁他在聖殿公開教導百姓時抓拿他，就可以不費吹灰之力輕易得手，根本不需要收買這個叛徒，也不需要打著燈籠、舉著火炬在夜裡到這裡來，更不需要帶著一大隊持著刀劍棍棒的士兵；他們也不需要耗費額外的代價，不需要勞師動眾，不需要熬夜也不需要動用任何武器。他們可能會吹噓自己做事小心謹慎，儘管基督表示這是輕而易舉的一樁小事，實際上非常辛苦又棘手，因為此舉可能引起百姓的騷動與暴亂，尤其是不久前拉匝路（拉撒路）才從死裡復活的事件更使得風險大增。

他們曾多次經歷這種動盪，儘管群眾喜歡基督，又非常尊敬他良善的美

德，那些企圖捉拿他然後殺害他的人卻一點不用擔心會遭到群眾的傷害，因為基督若不使用自己的大能從群眾當中逃脫，那麼群眾就非常可能會加入他們追捕基督的行列。群眾是善變的，瞬間就會成為暴民。

總之，任何人都不應該因為得到群眾的愛戴而喜悅，也不應該因為遭到群眾的厭惡而恐慌；基督遭到捉拿後，那些不久前才高呼「賀三納於達味之子！因上主之名而來的，當受讚頌！賀三納於至高之天！」[77]的群眾，如今卻改口憤怒地高喊：「除掉，除掉，釘他在十字架上！」[78]

顯然，在那時之前，天主安排那些以捉拿基督為樂的人，平白無故地充滿擔憂與恐懼。但如今時機已經成熟，要藉著一個人痛苦的死，讓所有的人（那些真誠渴望的人）都能夠獲得拯救，在永生裡享受充滿喜樂的祝福；那些可憐又邪惡的傻蛋還以為他們是靠自己的狡詐完成這一切，其實這是充滿憐憫的全能天主（連天上麻雀的壽命他都眷顧）在亙古之前就已經確定的旨意。

基督為讓他們覺悟自己的無知，同時也讓他們瞭解若非出於他自己的意願，不論是那叛徒的狡計、他們籌劃的陰謀以及所有羅馬士兵的力量都無法得逞，於是對他們說：「但現在是你們的時候，是黑暗的權勢！」聖瑪竇（馬太）更明確記載，基督說：「這一切都發生了，是為應驗先知所記載的。」[79]

所有的先知都經常提到基督受難的預言。如此說：「總不開口，如同被牽去待宰的羔羊；他們穿透了我的手腳；那是我在愛我的人家裏所受的傷。被列於罪犯之中；他所背負的，是我們的疾苦；因他受了創傷，我們便得了痊癒。他為了承擔大眾的罪過……犧牲了自己的性命，至於死亡。」[80]

77 瑪竇福音21章9節。賀三納（和散那）為稱頌之意。
78 若望福音19章15節。
79 瑪竇福音26章56節。
80 散見於依撒意亞（以賽亞書）53章；聖詠集（詩篇）21章17節；匝加利亞（撒迦利亞書）13章6節。

先知在許多地方都預言基督的死與受難，既然這些預言必定會應驗，因此這一切不是取決於人的意志，而是取決於在亙古之前就預知這事，並決定要在最適當的時機成就它的那一位（基督的父、基督他自己以及他們的聖神始終一起工作，因此，他們不會獨自完成任何事情，一切都由他們三位一起完成）。

現在，儘管這些主教、司祭長、經師、法利塞人和民間長老——簡單的說就是那些可惡又邪惡的長官——正因為運用狡猾的伎倆成功捉拿基督而感到無比暢快歡樂，但這些被邪惡蒙蔽心眼的渾球並不知道他們所做的其實是損己利人的事情，因為他們已經在不知不覺中完成全能天主充滿祝福的旨意（不僅是天父與聖神的旨意，也是基督自己的旨意），那就是經由基督經歷短暫的死亡，讓人類得到天上的永生，而基督也得到永遠的榮耀與光輝。

接著，基督對他們說：「但現在是你們的時候，是黑暗的權勢！」他彷彿在說：

在此之前你們對我恨之入骨，因此想要盡快消滅我，你們原本可以不費吹灰之力地除掉我，但天主的大能攔阻你們，所以在聖殿的時候，你們不但無法下手捉拿我，甚至從來都不敢對我輕舉妄動。你們想想，為何會這樣呢？這當然是因為時機未到，這時機不是由星座或者你們的才智所決定，而是由我天父無邊的智慧所定奪，並得到我的同意。你們豈能知道這一切呢？在亞巴郎（亞伯拉罕）之前，甚至在創造世界之前，從亙古——亞巴郎尚未被造的時候——我就已經與父同在。

目前是屬於你們以及黑暗權勢的時刻，這是賜給你們的短暫時刻，也是黑暗可以任意而為的時刻，現在你們可以在這深夜時刻完成白晝所無法完成的，你們可以在夜裡猶如凶猛的飛禽，猶如尖叫的貓頭鷹與女巫，猶如蝙蝠、幼梟、夜鴉以及各種邪惡的飛禽，用你的喙、你的爪、你的牙，挾著你驚悚卻虛空的尖叫向我撲噬而來。

你在黑暗中企圖用你自己的力量謀害我，而且比拉多將是你在黑暗中的首領，他倨傲地誇口握有釋放我或者把我釘上十字架的權柄，儘管將我交在他手中的是我自己的同胞和司祭，但若非出於我天父的旨意，他必然無法加害於我。因此，過犯最深的乃是那些將我交在他手中的人。這就是你的時刻以及黑暗的短暫權勢。然而，在黑暗中行路的人不會知道自己所走的方向。

所以你既不知道也不瞭解自己所做的一切。因此，我要親自為你祈禱，願你對我的迫害得到赦免。然而，你不但得不到赦免，盲目無知也無法成為你脫罪卸責的藉口，因為你的盲目無知是你自己造成的。你撲滅自己的明燈，你先剜除自己的雙眼，然後又剜除其他的人眼睛，就這樣瞎子領著瞎子，直到二人都跌入坑中。

這就是你短暫的時刻；這就是那瘋狂粗暴的黑暗權勢，如今它驅使你帶著武器捉拿手無寸鐵的我；也就是殘酷的惡徒對抗溫和的羔羊，罪人對抗無辜者，叛徒對抗自己的主人，可恥的小人對抗他們的天主。正如你現在以武力壓制我，在我之後，其他官長與帝王將會壓制我的門徒，他們一個接著一個都會經歷類似的時刻以及黑暗的短暫權勢。

正如我的門徒所承受與所說的一切，都不是他們自己的力量所能承受或者靠他們自己說出的，而是靠我的力量才能勇敢地克服一切痛苦，經由他們的堅忍拯救他們自己的靈魂，而我天父的靈將在他們裡面說話；同樣，迫害並殺害我門徒的那些人所做與所說的一切並不是出於他們自己，而是那黑暗大君（已經來到世上並毫無能力勝過我）暗中將他的毒藥放入這些暴君與惡徒的心中，於是他暫時能夠為所欲為，藉著他們宣傳與施展他的權勢與力量。這才是黑暗權勢的真相。

因此，與我一同作戰的士兵不是與血肉之軀爭戰，而是與為首的領袖以及掌權者爭戰，與世界上掌管那些黑暗區域的霸主以及天上邪惡的靈爭戰。

[81]因此，從尼錄（Nero）開始，黑暗大君就經由他殺害伯多祿，還有那在改名之前對我感到深惡痛絕的保祿。黑暗大君還以同樣方式藉著其他帝王及其將領之手殺害我羊群中其餘的門徒。

但是，當外邦的異教徒充滿焦慮，而猶太人策劃出他們徒勞一場的狡計時，當世界上的君王聚集在一起，掌權者企圖聯手對抗他們的天主，對抗祂的受膏者，處心積慮要擺脫祂的鎖銬，並丟棄祂最溫柔的軛（良善的天主經由祂的主教套在他們硬頸上）時，居住在天上的天主必定會譏笑他們，而我們的主必將對他們嗤之以鼻。[82]

祂不像世上的君王一般坐在略高於地面的豪華馬車上，乃是坐在西方的高天之上，且是在革魯賓（基路伯）[83]之上；高天是祂的寶座，大地是祂的腳凳，我們的主就是祂的稱呼。祂是萬王之王也是萬主之主；祂是可畏的君王，有能力取走世上列王的靈魂。這位君王將在震怒中對他們說話，他們必

因祂的憤怒而陷入慌亂。

祂今日降生的兒子（也就是祂的受膏者）將在祂神聖而永不動搖的熙雍（錫安）山上為王。祂必將所有仇敵踩在腳下作為腳凳。至於那些竭力掙脫祂的枷鎖、並擺脫祂的軛的人，祂必輕視他們，用根鐵杖管轄他們，並要粉碎他們如同粉碎脆弱的陶器。

我的門徒將得到我們天主所賜的安慰與力量，藉此對抗所有的仇敵，對抗在他們之上的黑暗君王。我的門徒身上穿著天主的盔甲，腰上繫著真理，而且他們的身體有公義為護甲，以平安的福音為鞋穿在腳上，以信心為盾牌抵擋一切攻擊，又戴著救恩為頭盔，拿著屬靈的寶劍（也就是天主的話

81 厄弗所（以弗所）書6章12節。
82 聖詠集（詩篇）2章4節。
83 譯注：革魯賓（Cherubim）相傳為九級天使中的第二級。

語）。他們必得到天主所賜的力量，能夠對抗魔鬼的網羅，也就是他藉著那些迫害他們的人之口說出的諂媚動聽的話，為的就是要巧言令色誘惑他們偏離真理。

他們遭遇災難的時候，必定能夠承受撒殫所有公然的攻擊，而信心的盾牌必將環繞他們，他們必將藉著他們祈禱時湧流的淚水，以及他們受難時在痛苦中淌出的鮮血，徹底消滅與清除撒殫的手下向他們猛烈發射的炙熱利箭。那些背著他們的十字架跟隨我的蒙福的殉道者，在與魔鬼爭戰獲勝後，將把黑暗君王及其所有世上的手下與士兵都踩在腳下，在凱旋的隊伍中趾高氣揚，然後神聖隆重地進入天堂。

但另一方面，如今將怒氣發洩在我身上的你，以及這個仿效你敗行劣跡的邪惡世代（也是此後將毫無悔意迫害我門徒的毒蛇後裔），將來必會在羞恥中被扔入地獄黑暗的烈火直到永遠。然而，現在你暫時可以恣意施展你的力量；但是要記得，這一切不久就會結束，以免你過於驕傲自負。

這個任由你邪惡意念蹂躪的世界不會永遠存在，因為我選民的緣故（他們不應該接受超過他們所能承受的試探）這段時期將會縮短，並且只會延續猶如一個時辰的短暫時間，所以你的時刻不會長久，而黑暗的權勢也不會持久，猶如眼前的時間極其短暫，轉瞬之間已成過去，但是未來尚未到來。既然你的時刻如此短暫，就當趕緊把握時間，肆意發揮你邪惡的作為。既然你處心積慮要殺害我，就趕快下手捉拿我，但是要放過我的門徒。

門徒離棄基督

> 於是門徒都撇下他逃跑了，而留下他一人在那裡。

看！從這裡可以知道，忍耐的美德極其艱難痛苦。對許多人來說，他們能

夠勇敢面對死亡，就是因為他們確定終會有報應的時候，而讓他們部分的心願得到滿足。但是如果毫無報復的機會，既不能出手回擊也不能少挨一鞭，甚至不發怒言，還能面對死亡，那我必須承認這應該就是忍耐的極致，連堅強的宗徒們也都無法到達這個地步。

他們不久前才勇敢地應許寧願與基督一起被殺害，也不會離棄他，如果他允許他們放手一搏而勇敢犧牲，那麼他們也都表示願意為他而死。伯多祿也藉著瑪耳曷表明他的心意。但稍後我們的救主既不願意他們爭戰，也不願意抵抗，接著他們每個人就都離開了，只留下他一人。

我曾疑惑，基督祈禱結束後起身探視他的門徒，然後發現他們在睡覺時，他是去兩處地方分別探視他們所有人，還是僅僅探視那些他帶在身邊、沒跟其他人在一起的門徒？然而，在看到福音書作者在文中表示，他們全都撇下他並且逃走，我就毫無疑問地確知，他前去探視的是他們所有人，然後發現他們都在睡覺。

儘管基督屢屢提醒他們應該保持警醒並且祈禱，以免陷入誘惑，他們卻因為嗜睡而讓魔鬼趁虛而入，使他們的心思動搖又毛躁，只想到爭鬥與逃跑，而不能耐心等候事情的發展。最後他們留下他單獨一人，全都離他遠遠的。這就應驗了我們救主基督所說的：「今夜你們都要為我的緣故跌倒。」[84]以及先知的預言：「我要打擊牧人，羊群就要四散。」[85]

那時，有一個少年人，赤身披着一塊麻布，跟隨耶穌，人們抓住了他；但他撇下麻布，赤着身子逃走了。

我們絲毫不知這少年人到底是誰。有人認為他就是那姓猶斯拖（猶士都）

84 瑪竇福音26章31節。
85 這句話出自匝加利亞（撒迦利亞書）13章7節，但被聖瑪竇引用於此。

又被稱為我們主的弟兄的聖雅各伯（雅各）。另外有人認為他是福音書作者聖若望——他是宗徒中最得我們主寵愛的一位，他相當年輕，並似乎在基督離世後繼續活了許多年。因為聖熱羅尼莫證實，他是在基督受難之後三十八年才過世的。

然而，有些古代學者表示，這少年人不是宗徒，而是基督為門徒濯足的那戶人家的僕人。我贊成這種講法。因為我認為宗徒不可能沒有其他衣物，而只有一塊麻布可以蔽體，甚至僅是寬鬆地圍在他身上，所以他可以輕易地褪掉；另外，從事實發生的過程以及文字的記載看來，我也都認為如此。

至於那些認為他是宗徒的學者，大部分都覺得他就是聖若望。但下面這段聖若望自己所寫的話，讓我認為那少年人不太可能是他：

> 那時，西滿伯多祿同另一個門徒跟着耶穌；那門徒是大司祭所認識的，便同耶穌一起進了大司祭的庭院，伯多祿卻站在門外；大司祭認識的那個門徒遂出來，對看門的侍女說了一聲，就領伯多祿進去。

那些學者認為，跟著基督的就是福音書作者聖若望，他在遭到追捕時趁隙逃跑，因此在匆忙慌亂間丟棄他的麻布，裸著身體逃離他們。這種說法跟隨後發生的事情互相抵觸而站不住腳，因為他進入大祭司的屋子後，就帶著伯多祿進來，接著就一直沒有離開那裡，直到他前往基督被釘十字架的地方，而且最後基督被掛在十字架上時，他就站在基督最親愛的母親身旁（兩個純潔的處子並肩站在一起），然後在基督的吩咐下，若望自此開始以她為自己的母親。

在這段期間以及各個地方，他始終都穿著衣物，如同基督的門徒，而不同

於那些不知羞恥為何物的苦修派，因此他的理智清楚知道應該嚴守分際，即使情勢所迫或者出於客觀要求也不能夠完全赤身露體，更不可能出於他自己的意願公然裸露身體，我認為拘謹如他的人絕對不可能表現出如此之舉。

如今為化解這個矛盾，他們說，他躲到角落重新換上一套衣服，我不願意為此爭論，然而我認為這不太可能，尤其是我們在這裡看到他和伯多祿跟隨耶穌進入亞納斯（亞拿，大司祭蓋法〔該亞法〕的岳父）的家。這讓我更加贊成認為這個少年人不是宗徒，而是基督為門徒濯足的那戶人家的僕人這個觀點。

福音書作者聖馬爾谷（馬可）確實曾記載，門徒們紛紛逃跑，然而這個少年人卻逗留在後，他是這麼寫的：

> 門徒都撇下他逃跑了。那時，有一個少年人，赤身披著一塊麻布，跟隨耶穌。

看！他在這裡說的是門徒們都逃跑了：不是有一些門徒逃跑，而是他們都逃跑了。留在後面跟隨耶穌的那人，不是他的門徒，因為他們每個人都已經走了，而是一個陌生的少年人，他可能不知道其名字，或者他認為寫下來也沒有意義。

那麼，就我看來，這個少年人可能以前就聽說過基督的事蹟，再加上基督與門徒同座的時候，他曾經伺候過基督；首先是聖神暗中將一股熱情注入他裡面，接著他自己對基督產生仰慕之情；基督在晚餐結束後離開時，他就一路跟隨著基督，不過跟門徒們之間稍微有些距離，但依舊與他們為伍，並且與他們同坐同起，至少在那些惡棍突然前來捉拿基督的時候，他置身在門徒當中。之後，所有門徒都因為恐懼而四散逃跑，感到錯愕的士兵對他並不在意，這個少年人清楚知道沒有任何人曉得他對基督的愛慕，因此就勇敢地留下來。

但主啊，將愛隱藏在心中而不顯露出來何其艱難。現在這個少年人身邊盡是一些痛恨基督而圖謀殺害他的人，然而少年人的一舉一動卻透露出他內心的思想，於是他們察覺，縱然其餘門徒都離棄基督，而他依舊跟隨著基督，目的不是意欲殺害基督，而是要服事基督。他們在發現與基督同行的人盡都逃跑之後，就對這個少年人大發雷霆，企圖捉拿眼前這個勇敢獨自跟隨基督的人。

這讓我深信，若非所有門徒都出人意料地逃跑了，否則他們就會以同樣方式對待門徒，因此，基督稍早才會以命令的口吻對他們說：「讓我的門徒離開吧。」這顯示基督最關心的就是他特別揀選出的門徒，並且不只他們，更是要將他豐盛的恩慈延伸到這個少年人身上，他雖然沒有蒙召成為他的門徒，卻自願跟隨他們，並默默與他們同處在一起。

由於基督不為人知的大能，加上這些渾球的軟弱無能，他們不但因為疏忽而讓基督的十一個門徒——他們的眼中釘——從他們手中逃脫，同時儘管他們人數眾多，卻沒能牢牢看守一個軟弱的少年人，他們明明已經困住他，而且就我臆測，他們同伴已經將他團團圍住，但他們一抓住他，他立即就褪去他的衣物，然後赤身裸體地逃走了。

我確信，那晚跟隨基督而不肯離去的少年人，在所有門徒都逃跑離開，前來捉拿的人用盡氣力也沒有逮住他之後，他一看到機會就立刻重新返回基督的羊群裡面；如今他已與基督同在永遠的祝福裡，我祈求天主我們未來與他住在一起時（我相信天主必然成就這事），能夠認識他的種種，並能更清楚地瞭解許多福音書裡面沒有記載的事情，而感到無比欣慰。

在此之前，我們若是能夠從門徒們在被捉拿之前就逃跑，以及這個少年人在被捉拿之後逃脫這兩件事情裡面學習一些屬靈的功課，那麼我們的腳步就會更平順穩健，也會讓我們的旅程更充實。自古以來，教會的教父就提醒我們不可以對自己的力量過於自信，以免因為輕率而讓自己陷於危險，甚至冒犯天主。因此，若是任何人不幸地遭遇這種情形，感覺自己無法抵擋外力而即將冒

犯天主，那我就會建議他效法門徒們的做法，在被外力勝過之前趕緊逃跑。

然而，這不表示門徒們應該為他們逃跑而深受讚揚。儘管基督因為其憐憫之心而允許軟弱的他們如此做，但他毫無稱讚之意，而是在事先就告訴他們，那晚他們將會跌倒。我們若感覺自己軟弱又膽怯，那麼我們就應該效法他們逃跑，或許就可以避免犯過而陷入罪中。另方面，若是天主吩咐一個人要堅守崗位（不論是為他自己的益處，還是他所照顧與負責之人的益處）並勇敢地信靠天主，但他卻退縮不前，那麼他這麼做的動機不論是否因為企圖保護他此世短暫的生命，他都是一個十足的大傻瓜。什麼樣的傻瓜才會用天上充滿祝福的永生交換短暫又悲慘的今生？

如果他逃跑是為了替自己獲取以後的無窮財寶，還以為這樣做是避免自己在外力脅迫下冒犯天主，那麼他就是既可恥又愚昧，因為背棄自己的主始終都會被視為下流的罪行；離棄自己的主，任憑自己陷於絕望之中，就跟投靠其主的死敵一樣邪惡。

還有什麼事情比罔顧天主恩慈的幫助，離棄天主命令他堅守的陣地而將之交給其敵人更糟糕？再者，因為擔心自己停留在原地可能會引起天主不悅，於是就逃到其他地方而加倍觸怒他，豈不更荒唐？若是你能夠逃跑而不至於引起天主不悅，那麼上上之策就是及時脫身，而不要冒著觸怒天主的風險停留原地。在不違背天主旨意的前提下，及時逃跑是簡單又穩當的做法，而留下來爭戰則是既困難又危險的做法。

我們可以從這個少年人的榜樣，學習如何安全持久地留在原地的方法，以及若是不幸遭到捉拿時，逃離對方掌握的方法。儘管這個少年人比其他人逗留的時間都久，而且始終沒有離開基督直到他遭到追捕而被捉拿，然而，因為他身上沒有穿著太多衣物，僅有一條簡單的麻布，還不是合身地穿在身上，也沒有緊緊地繫在腰上，只是寬鬆地披在身上，因此隨時都能輕易褪掉，於是這個

年輕人突然就把它脫下來，留在那些追捕他的人手中，而他就得以赤身裸體地逃離他們，就像常言說的金蟬脫殼。

我們從中可以汲取什麼教訓呢？一個大腹便便、又肥又胖的老饕必定是寸步難行，而身上穿著一層層衣物的人也不適合奔跑，一旦大難臨頭，必定無法順利逃跑活命；那些身上帶著許多財寶的人也一樣。一個人穿著的衣物雖然簡便，但若是剪裁貼身又緊緊繫在腰上，也會因為難以呼吸而無法長久奔跑。相較於那些穿著衣物雖然不多、卻緊緊繫在頸項上捨不得丟棄的人，那些穿著許多衣服卻能迅速褪掉它們的人能夠跑得更快。

讚美天主，我們有時候會看到（然而不如我期望的那麼頻繁）富裕而知足的人寧願立即捨棄他們世上所有的財物，也不願意因為留下一分錢而引起天主的不悅。這些人現在雖然穿著層層的衣物，但因為沒有把它們緊緊繫在身上，一旦遭遇災難要逃跑時，就能輕易脫掉這些衣物，安然逃脫。

反之，我們也看到（遠超過我所樂見的數量）有些人僅有不多的衣物以及少量的財富，卻非常依戀那些簡陋的包袱而緊緊抓住不放，他們寧願忍受剝皮之苦也不願意放棄那些寒磣的垃圾。這類人就必須及時逃跑。因為萬一他的衣服被人抓住，那麼他就是寧願死也不願意捨棄他的麻布。

簡單的說，我們從這個少年人身上可以學習到的功課就是，有鑑於災難隨時會臨到我們身上，而危機也會在我們不注意的時候撲向我們，那麼我們應該隨時做好逃跑的準備，並且不要穿著過多的衣物，也不要穿著緊身的衣服，而要在情勢所需的時刻，能夠立刻脫去我們身上輕便的麻布，然後赤身裸體地逃跑。

現在，若是進一步觀察，就可以從這個少年人的行為學到另一個更重要的功課，那就是身體猶如靈魂的外袍——靈魂起初進入這個世界時會穿上它，然後在人死亡離世時，靈魂就會脫掉它。因此，靈魂遠比身體更貴重，正如身體比它所穿的外袍更貴重。若有人為拯救身體而犧牲自己的靈魂，那他必定是瘋狂了，這就好像是一個愚昧的人寧願自己的身體被殺，也不願意放棄那件遭搶的外袍。

基督對身體是這麼說的：「身體不是貴於衣服嗎？」[86]但他非常看重靈魂：「人縱然賺得了全世界，卻賠上了自己的靈魂，為他有什麼益處？或者，人還能拿什麼作為自己靈魂的代價？」[87]、「我告訴你們做我朋友的人們：你們不要害怕那些殺害肉身，而後不能更有所為的人。我要指給你們，誰是你們所應怕的：你們應當害怕殺了以後，有權柄把人投入地獄的那一位；的確，我告訴你們：應當害怕這一位！」[88]

因此，這個少年人的故事提醒我們，在面對如此劇烈的試煉時，要謹慎地看待我們的身體（正如此處所言，它只是我們靈魂的外袍），我們不可縱容它享受過肥的食物，也不可沉溺在肉慾中，而是要禁戒各種營養不良的肥胖食品，讓它保持輕盈就像麻布一樣。同時我們也不可以對它過度依戀，乃至於無法為天主而甘心樂意地捨棄它。看！我們從落在這幫惡棍手中的這個少年人身上所學到的功課就是，即使遭到逼迫，他也不願意以自己的行為或者言語讓基督蒙羞，於是就捨棄他的麻布，然後赤身裸體地逃離他們。

很久以前，另一個少年人的經歷跟這個少年人非常相似，我說的就是聖潔又無辜的聖祖若瑟（約瑟），對那些要避免陷入淫亂的危險以及人生災難的人來說，他是所有後人的典範。

年少的若瑟面貌清秀俊美，當時是普提法爾（波提乏）府中的奴僕，受到主人重用擔任總管，普提法爾的妻子深深迷戀上他，因此她心裡一直充滿強烈的慾望，以言語和行為毫無羞恥地主動挑逗他，即使知道他絲毫不為所動，依舊不斷用各種方法誘惑他。

86 瑪竇福音6章25節。
87 瑪竇福音16章26節。
88 路加福音12章4－5節。

一次，在他明確拒絕她之後，她主動貼近他，並緊緊抓住他的外袍，接著這個女子（啊！可恥！）要強迫與他進行魚水之歡。若瑟寧願死也不願意犯下如此可怕的罪行，他知道自己若是留在原地、持續面對肉慾的誘惑，最後必定會陷入危險，而對男子來說，控制自己慾望的最妥當方法就是逃跑，於是他就褪掉自己的外袍留在那女子手中，然後趕緊奪門而出。89

然而，我要告訴你們，為避免自己犯罪，我們不是要脫去外袍、斗蓬、大衣，或者身上其他的服裝，而是我們的身體，它不過是我們靈魂的外袍或者罩衫，我們應該不惜丟棄它。因為我們若是為留下它而冒犯天主，那麼我們不僅會失去它，也會失去我們的靈魂。但若是為了天主而捨棄它，那麼我們的心就能夠忍受這損失，同時也會像蛇一樣，在荊棘之間磨蹭身上乾燥的舊皮直到整層皮完全褪掉，然後就任由舊皮留在樹叢裡，等牠出來的時候，就會是清新閃亮的模樣。

我們若遵照基督的吩咐，機警地像蛇一般，[90]然後因為愛天主而像蛇一樣在苦難的荊棘中磨掉我們這起皺的身體，把它離棄在這個世界，我們就會再次感到清新與年輕，不久後我們就會被接到天上，永遠不再老去。

捉拿基督

於是兵隊、千夫長和猶太人的差役拘捕了耶穌，把他綑起來，先解送到亞納斯那裏，亞納斯是那一年當大司祭的蓋法的岳父。就是這個蓋法曾給猶太人出過主意：叫一個人替百姓死，是有利的。那時，司祭長和民間長老，都聚集在名叫蓋法的大司祭的庭院內。

89 創世紀 39章。
90 瑪竇福音 10章16節。

學者對這幫人捉拿基督的確切時間看法不一。因為各福音書作者對整件事情的記載相當一致，但敘述的方式各不相同（有些是先後順序不同，也互有遺漏增補），儘管釋經家都不否認每一位福音書作者記載的真實性，但每個人對同一事件各有不同的見解，即使對方的見解完全相反也找不出任何錯誤。

聖瑪竇和聖馬爾谷敘述基督被捉拿的過程，讓人以為猶達斯（猶大）在親吻耶穌後，他們立即就拿下他。這種見解不僅教會裡許多知名學者，連傑出的神學家約翰．葛森所寫的作品（*Monatessaron*，我現在探討基督受難的過程所遵循的就是這本書敘述的順序）中也都讚賞與接受這種見解，而且他自己在整理整個受難歷史時也依循同樣的見解。

儘管如此，我在這一點上與他看法不同，並認為其他同樣著名的學者所提出來的見解更合情合理。他們同時參考福音書作者聖路加與聖若望的記載，而認為在猶達斯親吻我們的主之後，就返回到士兵與猶太人那裡去，接著他們全都單單因為基督的話語而跌倒在地，然後大司祭僕人的耳朵被削掉，而基督又使之完全復原，接著他就責備伯多祿好勇並禁止其他門徒反抗，又再次對當時在場的猶太長官說話，表示以前他們無法捉拿他，但現在可以捉拿他了，接著所有門徒全都逃跑了，最後，在那個他們無法看守（他們確實已經捉拿到他）的少年人終於赤身裸體地勇敢逃脫後，此時他們才動手一舉捉拿耶穌。

注：湯瑪斯．摩爾爵士沒有繼續寫下去，因為走筆至此，他在獄裡遭到嚴密看管，所有書籍、筆、墨與紙張都被沒收，不久之後他就遭到處決。

國家圖書館出版品預行編目資料

基督的憂傷：湯瑪斯・摩爾的最後靈修筆記 / 湯瑪斯.摩爾(St.Thomas More)著；顧華德譯. -- 初版. -- 臺北市：啟示出版：家庭傳媒城邦分公司發行, 2017.03
面； 公分. --(Soul系列；51)
譯自：The Sadness of Christ

ISBN 978-986-93125-5-4(平裝)

1.天主教 2.靈修

244.93 106002353

Soul系列051
基督的憂傷：湯瑪斯・摩爾的最後靈修筆記

作　　者／湯瑪斯・摩爾 St.Thomas More
譯　　者／顧華德
企畫選書人／彭之琬
總 編 輯／彭之琬
責任編輯／李詠璇

版　　權／吳亭儀
行銷業務／王 瑜、莊晏青
總 經 理／彭之琬
發 行 人／何飛鵬
法律顧問／台英國際商務法律事務所羅明通律師
出　　版／啟示出版
台北市104民生東路二段141號9樓
電話：(02) 25007008 傳真：(02)25007759
E-mail:bwp.service@cite.com.tw
發　　行／英屬蓋曼群島商家庭傳媒股份有限公司 城邦分公司
台北市中山區民生東路二段141號2樓
書虫客服服務專線：02-25007718；25007719
服務時間：週一至週五上午09:30-12:00；下午13:30-17:00
24小時傳真專線：02-25001990；25001991
劃撥帳號：19863813；戶名：書虫股份有限公司
戶名：英屬蓋曼群島商家庭傳媒股份有限公司城邦分公司
訂購服務／書虫股份有限公司客服專線：（02）2500-7718；2500-7719
服務時間：週一至週五上午09:30-12:00；下午13:30-17:00
24時傳真專線：（02）2500-1990；2500-1991
劃撥帳號：19863813 戶名：書虫股份有限公司
讀者服務信箱：service@readingclub.com.tw
城邦讀書花園：www.cite.com.tw
香港發行所／城邦（香港）出版集團有限公司
香港灣仔駱克道193號東超商業中心1樓；E-mail：hkcite@biznetvigator.com
電話：(852) 25086231 傳真：(852) 25789337
馬新發行所／城邦（馬新）出版集團 Cite (M) Sdn. Bhd.
41, Jalan Radin Anum, Bandar Baru Sri Petaling, 57000 Kuala Lumpur, Malaysia.
Tel: (603) 90578822 Fax: (603) 90576622 Email: cite@cite.com.my

封面設計／李東記
排　　版／極翔企業有限公司
印　　刷／韋懋印刷事業有限公司

■2017年3月9日初版 Printed in Taiwan
定價300元

城邦讀書花園
www.cite.com.tw

 ISBN 978-986-93125-5-4